"十四五"国家重点出版物出版规划项目

国家发展和改革委员会"发改英才"系列图书

数字引领未来

——数字经济重点问题与发展路径研究

SHUZI YINLING WEILAI

——SHUZI JINGJI ZHONGDIAN WENTI YU FAZHAN LUJING YANJIU

胡拥军　单志广　著

中国计划出版社

北　京

图书在版编目（CIP）数据

数字引领未来：数字经济重点问题与发展路径研究 / 胡拥军，单志广著．— 北京：中国计划出版社，2023.1（2023.7重印）
ISBN 978-7-5182-1496-9

Ⅰ．①数… Ⅱ．①胡… ②单… Ⅲ．①信息经济—研究—中国 Ⅳ．① F492

中国版本图书馆 CIP 数据核字 (2022) 第 221879 号

策划编辑：赵超霖
责任编辑：赵超霖　袁　铭　　封面设计：韩可斌
责任校对：王　巍　　　　　　责任印制：李　晨　王亚军

中国计划出版社出版发行
网址：www. jhpress. com
地址：北京市西城区木樨地北里甲 11 号国宏大厦 C 座 3 层
邮政编码：100038　电话：（010）63906433（发行部）
北京虎彩文化传播有限公司印刷

787mm × 1092mm　1/16　12.5 印张　166 千字
2023 年 1 月第 1 版　2023 年 7 月第 2 次印刷

定价：60.00 元

前 言

人类经历了农业革命、工业革命，正在经历数字革命，每一次技术革命与产业变革，都给人类生产方式、生活方式和经济社会发展带来巨大而深刻的影响。正如以机器替代体力劳动的工业革命，推动了全球工业化浪潮的兴起，以数字技术替代脑力劳动的数字革命，正在推动全球经济活动的数字化跃迁，数字经济是继农业经济、工业经济之后的主要经济形态。数字经济发展速度之快、辐射范围之广、影响程度之深前所未有，正推动生产方式、生活方式和治理方式深刻变革，成为重组全球要素资源、重塑全球经济结构、改变全球竞争格局的关键力量，数字经济是未来全球竞争的主战场。

数字化转型是全面建设社会主义现代化强国的战略选择。新中国成立以来，我国历经几十年的工业化转型，推进从农业国向工业国转变、从农村社会向城市社会转变、从低收入阶段向中等收入阶段转变、从贫穷落后向全面小康转变，取得了翻天覆地的转型发展奇迹。踏上全面建设社会主义现代化国家的新征程，在错失历次工业革命后，我国第一次与西方发达国家在新一轮技术革命中同步起跑，将面临前所未有的发展机遇。随着数字技术与产业变革的持续深化，全球经济在历经几百年工业化发展后正在快速向以数字化为特征的经济增长周期迈进。预计到 2035 年，我国将进入繁荣成熟的数字经济时代，数字产业竞争力全球领先，成为全球数字技术创新、产业创新、制度创新、理念创新的重要策源地。

数字化转型将深刻改变我国经济增长的底层逻辑。随着老龄化与数字化的交汇，支撑劳动密集型产业发展的劳动成本优势呈现趋势性衰减，我国劳动力市场正在历史性地跨越刘易斯第一拐点、第二拐点，数据红利接续人口红利成为新的国家比较优势，数据赋能将推动发展方式、经济结构、增长动力发生根本性改变，数字生产力将成为引领发展最活跃的生产力形式。随着工业化与数字化的交汇，尽管我国关键核心技术“卡脖子”问题突出，底层基础技术、基础工艺能力不足，工业母机、基础元器件、基础材料等供给瓶颈明显，但在数字经济引领的科技竞争新赛道上出现了可喜的赶超势头，通过发挥超大应用场景优势、巨量数据资源优势、新型举国体制优势，我国将在量子信息、光子与微纳电子、网络通信、人工智能等前沿科技领域创新发展，真正迎来数字时代科技自立自强的根本性转变。随着传统工业与未来产业的交汇，我国既拥有全部工业门类，220 多种工业产品产量位居世界首位，1 700 多种出口产品位居世界第一，也将孕育一批引领产业链现代化的世界级产业平台，在类脑智能、量子信息、未来网络等前沿领域将培育壮大一批万亿级的未来产业集群，以数字化为核心的现代产业体系有望基本形成。

数字化转型的时代考卷正在徐徐展开，政府、企业、个人都是数字化转型同题共答的答卷者。而作为研究者，更需要预见未来、明者见于无形，洞察数字化转型的苗头倾向，书写数字化转型的实践探索，探究数字化转型的推进路径，总结数字化转型的治理创新，共鸣数字化转型的民生需求，领先一步探知新时代数字化转型的春江水暖。

目录
Contents

第一章

探析数字经济发展远景

一、“十四五”时期数字经济的动力变革

面对世界百年技术产业体系之变、大国竞争格局之变、国际经济治理之变，抢抓数字经济新赛道、培育数字经济新优势是我国在危机中育新机、于变局中开新局的战略选择，是“十四五”时期建设现代化经济体系、畅通国内国际双循环的先手棋。2021 年全国两会热议数字经济，各地密集出台数字经济规划、行动计划，把数字经济作为“十四五”时期迈好第一步、见到新气象的重头戏。

（一）数字经济开新局重在“吃改革饭”

近年来数字经济呈现迅猛发展态势，2019 年数字经济增加值规模达到35.8万亿元，占GDP比重达到36.2%[①]，跃居全球第二大数字经济体，但制约数字经济发展的体制机制性堵点仍然非常突出，其中作为数字经济最基础性的数据产权制度仍然在探索之中，数据归谁所有、由谁采集、谁来开发、谁来受益等问题仍然没有明晰，如何对数据评估定价交易、推动数据资源向数据资产转化仍然没有真正破题，这极大制约了数字经济治理体制机制适应新业态新模式发展的需求。

“十四五”时期，数字经济开新局急需在数据产权改革上取得重大突破，依托国家数字经济创新发展试验区开展先行先试，加快建立数据资源产权、交易流通、跨境传输和安全保护等基础制度和标准规范，建立健全数据产权交易和行业自律机制，培育规范的数据交易平台和市场主体，发展数据资产评估、登记结算、交易撮合、争议仲裁等市场运营体系。在制度创新上“大胆地试，大胆地闯”，打破制约数字经济发展的市场监管、宏

① 数据来源：中国信息通信研究院报告《中国数字经济发展白皮书（2020 年）》。

观政策、法律法规等梗阻，构建与数字经济发展相适应的政策法规体系。

（二）数字经济开新局重在“走开放路”

近年来数字经济成为对外开放的新兴领域，2020 年我国跨境电商进出口增长 31.1%，2021 年为 15%，2021 年数字服务进出口同比增长 22.3%，占服务进出口比重达 43.2%[①]。但进入百年未有之大变局的数字时代，发达国家对数字经济控制权的争夺越来越激烈，大国博弈加剧，我国在全球知名的数字经济企业发展受到一定阻遏。

“十四五”时期，数字经济开新局急需充分发挥强大国内市场与海量数据优势，推动数字经济的新场景新应用、新基建新要素、新技术新产业、新业态新模式、新平台新生态不断涌现。充分发挥国内数字经济市场的磁场效应，深化对外经贸投资合作与技术交流，积极参与电子商务、移动支付、数字内容等领域国际规则的制定，增强数字经济国际治理的制度性话语权。

（三）数字经济开新局重在“打创新牌”

近年来我国数字经济应用技术研发取得突破，深度学习算法、混合计算框架、实时图计算、人工智能芯片等技术研发取得较大进展。但我国集成电路、操作系统和基础软件等严重依赖国外，90% 的芯片、80% 以上的核心工业软件、70% 的工业机器人需要进口，2020 年芯片进口总额超过 3 500 亿美元[②]，是国内进口规模最大的行业之一。

“十四五”时期，我国数字经济开新局急需充分发挥新型举国体制优势、打好关键核心技术攻坚战，推进颠覆性技术研发，前瞻布局未来网络、量子信息等领域，抢占未来产业发展制高点。通过“揭榜挂帅”等方式推

① 数据来源：国家工业信息安全发展研究中心《2021 年我国数字贸易发展报告》。
② 数据来源：艾瑞咨询报告《2019 年中国制造业企业智能化路径研究报告》。

动“临门一脚”关键技术产业化，推进自主创新产品应用，完善重大项目牵引的自主创新产品应用政策体系，加速创新成果转化应用和国产化替代，推进自主创新产品在更多领域、更大范围形成应用生态。

面向2035年，数字经济将成为现代化经济体系的主要形态、引领高质量发展的主要动力、深化供给侧结构性改革的主要抓手、推动产业基础高级化与产业现代化攻坚的主要载体，是未来发展最快、创新最活、辐射最广的经济活动，也是有力应对百年未有之大变局的韧性基石、强大底气。

二、面向2035年的数字经济发展态势

党的十九届五中全会明确要求，“展望2035年，我国经济实力、科技实力、综合国力将大幅跃升”“建成现代化经济体系”“人均国内生产总值达到中等发达国家水平”。面向2035年基本实现社会主义现代化目标，在碳达峰碳中和要求下资源环境硬约束进一步趋强，在人口老龄化趋势下劳动成本进一步进入上升通道，传统的高投入、高消耗、高增长模式难以为继，做强做优做大我国数字经济，向数据要增长、向数据要动能、向数据要优势，已成为实现2035年远景目标、引领社会主义现代化建设的必由之路和战略抉择。

（一）数字经济正在引领数字时代的中国经济增长周期

数字经济开拓引领未来发展的新增长空间。随着数字技术与产业变革的持续深化，全球数字经济方兴未艾，2020年，47个国家数字经济增加值规模达到32.6万亿美元，占GDP比重为43.7%[①]。近些年来，我国数字技术创新应用步伐加快，数字经济规模已经连续多年位居世界第二，数字经

① 数据来源：中国信息通信研究院报告《全球数字经济白皮书——疫情冲击下的复苏新曙光》。

济已经成为国民经济最强劲的增长极，从 2005 年到 2020 年，数字经济规模从 2.6 万亿元增长到 39.2 万亿元，年均增速高达 19.8%，远超同期 GDP 年均增速（11.9%），数字经济占 GDP 比重从 14.2% 提升至 38.6%[①]，在历经几十年工业化发展后正在快速向以数字化为特征的经济增长周期迈进。

逆势上扬的数字经济呈现应对新冠肺炎疫情冲击的强大韧性。全球数字经济已经成为应对经济下行压力的稳定器。2020 年，在疫情冲击和全球经济下行叠加影响下，我国数字经济依然保持 9.7% 的高位增长（见图 1-1），高于同期 GDP 名义增速约 6.7 个百分点，数字经济核心产业增加值占 GDP 比重达到 7.8%[②]，在线办公、在线教育、网络视频等数字化新业态新模式在疫情倒逼下蓬勃发展。2020 年我国产业数字化规模达 31.7 万亿元，占数字经济比重达 80.9%[③]，产业数字化缓解了疫情对我国实体经济的负面冲击。数字经济成为国民经济稳定增长的关键动力，对夺取疫情防控和经济社会发展双胜利发挥了重要作用。

图 1-1　2011—2020 年我国数字经济发展态势

注：根据《中国数字经济发展白皮书（2021 年）》数据绘制。

---

① 数据来源：中国信息通信研究院报告《中国数字经济发展白皮书（2021 年）》。

② 数据来源：《中华人民共和国国民经济和社会发展第十四个五年规划和 2035 年远景目标纲要》。

③ 同 ①。

根据数字经济增长趋势与国内外经济复苏前景，东部部分省市数字经济将率先发展到较高水平，根据相关规划文件，到 2025 年深圳市数字经济核心产业增加值占 GDP 比重将达到 31%[①]，浙江省数字经济增加值占 GDP 比重将达到 60%[②] 左右。在东部省市带动下，再经过 10 多年发展，全国数字经济核心产业增加值占 GDP 比重进一步提高，进入繁荣成熟的数字经济时代，数字产业竞争力全球领先，成为全球数字技术创新、产业创新、制度创新、理念创新重要策源地。

（二）数字经济正在重塑数字时代的中国经济增长动力

数字经济引领我国从人口红利到数据红利转型。2008 年金融危机以来发生的“民工荒”标志着长期依靠人口红利发展的粗放型增长模式发生了趋势性转变，尤其是人口老龄化的加速到来，支撑劳动密集型产业发展的劳动成本优势呈现趋势性衰减。数据是数字时代基础性国家战略资源，数据的多寡优劣决定国家要素禀赋与比较优势的变化。我国是全球数据资源规模最大、增长最快的数据圈，其中数字经济的发展是形成超大规模数据资源的关键因素。到 2035 年，数字经济将进一步推动中国数据圈呈现数量级扩张，数据红利接续人口红利成为新的国家比较优势，数据赋能将推动发展方式、经济结构、增长动力发生根本性改变，数字生产力将成为引领发展最活跃的生产力形式。

数字经济引领科技从跟跑并跑到领跑跨越。近年来，关键核心技术“卡脖子”问题突出，底层基础技术、基础工艺能力不足，工业母机、基础元器件、基础材料等供给瓶颈明显，但在数字经济引领的科技竞争新赛道上出现了可喜的赶超势头，5G、人工智能、高性能计算、量子计算等领域取得一批重大科技成果。2019 年以来，我国成为全球最大专利申请来源国，

---

① 数据来源：《深圳市国民经济和社会发展第十四个五年规划和二〇三五年远景目标纲要》。

② 数据来源：《浙江省数字经济发展“十四五”规划》。

5G、区块链、人工智能等领域专利申请量全球第一。到 2035 年，我国数字经济发展将进一步发挥超大应用场景优势、巨量数据资源优势、新型举国体制优势，在量子信息、光子与微纳电子、网络通信、人工智能等前沿科技领域创新发展，全面增强国家战略科技力量，有望在错失历次工业革命机遇后真正迎来数字时代科技自立自强的根本性转变。

数字经济引领产业形态从传统工业制造到未来产业的跃迁。新中国成立之初，我国连一辆拖拉机都造不出来，现在我国是全世界唯一拥有全部工业门类的国家，220 多种工业产品产量居世界首位，1 700 多种产品出口量位居世界第一，形成有色金属、汽车、钢铁、装备制造、纺织、石油化工、船舶制造等一批万亿级支柱产业，但也暴露出全而不精、大而不强的突出问题。近年来，战略性新兴产业不断发展壮大，2019 年我国战略性新兴产业增加值占 GDP 比重达 11.5%[①]，成为推动产业结构转型升级、经济高质量发展的重要动力源。随着工业化加速向数字化跃升，到 2035 年，数字经济与实体经济深度融合将孕育一批引领产业链现代化的世界级产业平台，在类脑智能、量子信息、未来网络等前沿领域将培育壮大一批万亿级的产业集群，以数字化为核心的现代产业体系有望基本形成。

（三）数字经济正在孕育世界级的平台企业

从理论看。第一，平台企业是数字经济的核心组织者。在数字经济时代下平台企业具有了新型的交易功能，可以把商品流、货币流和信息流进行三流整合，极大地降低了交易费用，从而使平台企业成为数字经济的核心组织者。第二，平台企业的核心机制是“链接”。平台企业为相互联系、相互作用的市场双方、多方提供了一个联系和交易的场所，使得交易双方、多方可以突破空间的限制而建立起直接的联系，这种“链接”具有天然的网络外部

① 数据来源：国家发展改革委负责同志就《关于扩大战略性新兴产业投资 培育壮大新增长点增长极的指导意见》答记者问。

性，即“链接”的平台用户越多，平台价值与用户效用越大。第三，平台企业最大优势是形成生态系统。在数字经济时代，越来越多的平台公司扩展了公司边界，建立了基于平台的生态系统，数字时代的企业竞争优势越来越依托于创新生态，企业之间的竞争将上升为生态之间的竞争，越来越多的企业会从产品战略过渡到平台战略，并升级到生态战略。

从历史看。从农业经济的家庭式作坊，到工业经济的公司制企业，数字经济的崛起推动企业形态越来越向平台化转型，新型的超级平台替代传统的跨国企业成为国内外产业分工的主要组织者。从全球市值最高的十强企业看，1999 年全球市值十强企业榜单中以能源、零售、电信等领域的跨国企业为主，到 2019 年亚马逊、谷歌、脸书等平台企业占据全球市值十强企业榜的半壁江山，阿里巴巴、腾讯作为中国平台企业的典型代表也进入榜单（见表 1–1）。

表 1–1　1999—2019 年全球市值最高企业的变化　　单位：亿美元

序号	1999 年		2009 年		2019 年	
	企业	市值	企业	市值	企业	市值
1	微软	5 830	中国石油	3 670	微软	10 500
2	通用电气	5 040	埃克森美孚	3 410	亚马逊	9 430
3	思科	3 530	中国工商银行	2 570	苹果	9 200
4	埃克森美孚	2 830	微软	2 120	谷歌	7 780
5	沃尔玛	2 830	中国移动	2 010	脸书	5 460
6	英特尔	2 710	沃尔玛	1 890	伯克希尔哈撒韦	5 070
7	日本电报电话公司	2 620	中国建设银行	1 820	阿里巴巴	4 350
8	朗讯	2 520	巴西国家石油	1 650	腾讯	4 310
9	诺基亚	1 970	强生	1 570	VISA	3 790
10	Bp 石油	1 960	Bp 石油	1 560	强生	3 760

从实践看。一是平台企业成为引领数字经济发展的龙头，腾讯、阿里巴巴、京东等占据中国企业市值十强榜单，并推动深圳、杭州等一批城市成为数字经济发展标杆。二是平台企业汇聚超大规模数据资源，如阿里巴巴、滴滴出行、满帮、携程网分别汇聚了 8.91 亿电商消费者、3.77 亿年交通出行用户、122 万货主、3 亿旅行出游者的海量数据资源。三是平台企业

成为数字时代科技创新先锋，以阿里巴巴、腾讯、百度为代表的平台企业推动人工智能、5G、云计算等新型技术已经走在全球创新前列，腾讯以全球专利授权量超过 1 万件位居全球互联网公司第二，阿里巴巴的区块链技术专利申请数量在全球位居第一,百度是与谷歌、苹果、微软和亚马逊并驾齐驱的世界领先人工智能企业。

预计到 2035 年，数字技术赋能企业转型将加速推进，不仅在消费、娱乐、医疗、教育等领域形成一批引领数字化转型的超级平台，而且在工业互联网、人工智能等领域也将形成若干决胜全球化竞争的创新生态系统，平台与平台的较量、创新生态与创新生态的竞争将成为大国博弈的新常态。

（四）数字经济正在再造市场规则体系

近年来，随着数字经济的快速发展，不断暴露出资本无序扩张、劳动保障缺位、数据安全风险、大数据杀熟等问题，传统的市场监管、价格政策、产业政策、反垄断政策难以完全适应数字经济发展的要求。根据马克思主义观点，生产力的进步必然带来生产关系的调整，从工业生产力向数字生产力的跃升必然要求加快建立健全平台经济治理体系。根据全面深化改革的总体要求，随着数字经济发展不断深入，到 2035 年，数字时代的社会主义市场经济制度将不断完善，形成较为成熟的数据要素市场规则体系，基本建立数据资源产权、交易流通、跨境传输和安全保护等基础制度和标准规范，基本建立与数字经济发展相适应的政策法规体系，加快建立健全数字经济发展最核心的数据确权机制、定价机制、资产交易、市场监管、产业政策、劳动政策、税收政策等。

三、引导数字经济健康发展需处理好四大关系

当今时代，数字经济是新一轮全球产业变革的先机、大国经济博弈的

焦点，正在成为重组全球要素资源、重塑全球经济结构、改变全球竞争格局的关键力量。近年来，互联网、大数据、云计算、人工智能、区块链等技术加速融入经济社会发展各领域全过程，推动中国成为全球数字技术最活跃的应用场、推动数字经济成为国民经济最强劲的增长极。与此同时，数字经济的蓬勃发展也逐渐暴露出互联网平台垄断、资本无序扩张、关键核心技术“卡脖子”、产业链供应链风险等问题，亟须按照2021年11月中共中央政治局第三十四次集体学习精神，根据数字经济发展趋势和规律，处理好若干重大关系，推动数字经济健康发展。

（一）处理好促进发展与监管规范的关系

近年来，数字经济发展取得的巨大成就与暴露的突出问题，从正反两个方面证明，数字经济健康发展要坚持促进发展和监管规范两手抓、两手都要硬，在发展中规范、在规范中发展。以互联网平台为例，“算法歧视”“二选一”“大数据杀熟”“垄断定价”等问题，都是数字经济发展中的烦恼，也是数字经济监管亟须完善的痛点。引导数字经济健康发展，既要有立规建制的手段，突出竞争政策基础地位，强化“两个毫不动摇”“三个没有变”的市场预期管理，健全市场准入制度、公平竞争审查制度、公平竞争监管制度，建立全方位、多层次、立体化监管体系，实现事前事中事后全链条全领域监管；也要有重拳出击的方法，划定红线底线，纠正和规范发展过程中损害群众利益、妨碍公平竞争的行为和做法，防止平台垄断和资本无序扩张，依法查处垄断和不正当竞争行为。数字经济事关国家发展大局，按照国有企业混合所有制改革的总体方向，引导规范国有资本进入事关国计民生的数字经济领域，加快推动向数字经济倾斜的国有经济布局优化、结构调整与战略重组，确保国有资本投到哪里、监管就延伸到哪里。

（二）处理好数字经济与实体经济的关系

近年来，数字经济是推动新旧动能接续转换、建设现代化经济体系最强劲的动力引擎，但也暴露出数字经济与实体经济发展失衡的问题，主要表现为数字经济“脱实向虚”、线下与线上冷热两重天等，其本质是马克思主义政治经济学提出的国民经济重大比例关系失衡在数字经济时代的新特征。引导数字经济健康发展，要充分认识数字经济发展最大的底气是实体经济，尤其是全世界门类最齐全的工业体系，特别是一大批“专精特新”企业和制造业单项冠军企业，要促进数字技术与实体经济深度融合，把握数字化、网络化、智能化方向，推动制造业、服务业、农业等产业数字化，利用互联网新技术对传统产业进行全方位、全链条的改造，提高全要素生产率，发挥数字技术对经济发展的放大、叠加、倍增作用。

（三）处理好开放合作与自立自强的关系

近年来，数字经济成为对外开放合作最活跃的领域之一，数字丝绸之路进一步拓展，以跨境电商为代表的数字服务贸易蓬勃发展，以集成电路为代表的电子信息制造业出口稳定增长，电子商务、移动支付、智慧物流、智慧医疗、共享经济、数字文化消费、特色优势服务企业加快“走出去”，围绕电子商务、数据治理等领域的国际合作不断深化。与此同时，支撑数字经济大厦的最底层关键核心技术仍然没有掌握在自己手里，“卡脖子”技术问题非常突出。引导数字经济健康发展，关键要在科技自立自强上挺起腰杆，关键核心技术是买不来的、讨不来的，要牵住自主创新这个“牛鼻子”，充分利用社会主义制度优势、新型举国体制优势、超大规模市场优势，充分利用海量数据资源与丰富应用场景，既要打好补短板的关键核心技术攻坚战，甩掉“卡脖子”的手，又要打好扬优势的领跑型前沿基础技术攻坚战，提高数字技术基础研发能力，在量子信息、光子与微纳电子、网络通信、人工智能等前沿科技领域构筑“非对称”技术优势，全面增强国家战略科技力量，真正迎来数字时代科技自立自强的根本性转变。

（四）处理好扩大需求与优化供给的关系

近年来，超大规模市场优势、丰富应用场景资源是我国数字经济快速发展的最大推动力，截至2021年6月，我国网络视频（含短视频）、网络购物、网上外卖、在线办公、在线医疗用户规模分别达到9.44亿、8.12亿、4.69亿、3.81亿、2.39亿[①]，新型零售、数字娱乐、在线办公、在线教育、在线医疗、网络支付、智慧城市等应用场景不断丰富。与此同时，我国数字经济发展的产业链供应链相对脆弱，90%的芯片、70%的工业机器人、80%的高档数控机床和80%以上的核心工业软件依赖进口，在全球疫情冲击与大国博弈叠加影响下，面临较大的断供风险。引导数字经济健康发展，既要从需求侧入手充分利用国内大市场、畅通国内大循环，又要从供给侧发力推动产业链供应链补链固链强链，加快制定数字经济领域“断供”的风险预警与预案，推动数字经济基础产品进口来源多元化，加快推进“卡脖子”技术产品的国产化培育，实施数字经济基础产业再造工程，在类脑智能、量子信息、卫星互联网等前沿科技和产业变革领域，组织实施未来产业孵化与加速计划。

---

① 数据来源：中国互联网络信息中心（CNNIC）发布的第48次《中国互联网络发展状况统计报告》。

第二章

探索数字经济发展路径

一、数字经济发展重在补短板强弱项

新冠肺炎疫情的暴发是一次“大战”“大考”，既为完善国家治理体系和治理能力提供了广泛启示，也全面检验了我国数字科技和数字经济发展成果与短板弱项，为谋划未来数字经济发展提供了重要的参考和遵循。

（一）数字经济为疫情防控开辟生产生活新空间

数字经济是以网络为载体、数据为要素、融合应用为驱动力的新经济形态、新发展模式，正加速重构人类生活、社会生产、经济发展和社会治理模式，带动社会生产方式变革、生产关系再造、经济结构重组、生活方式巨变。传统经济因为生产过程和实物要素流通等限制，在疫情条件下暴露了其局限性和脆弱性，而数字经济则体现出极强的适应性、渗透性、融合性，移动互联网、大数据、人工智能、云计算等数字技术在疫情监测分析、防控救治、复工复产等多个方面发挥了重要支撑作用，数字经济开辟了以比特价值网络调用、优化原子货物运输和交易的生产生活新空间。疫情催生我国数字经济发展正在经历四个“加速”的转型和重塑。

一是数字技术大规模创新应用进程明显“加速”。因为疫情防控的特殊要求，数字技术在各行业的融合应用进程不断加速。日臻成熟的电子商务体系、线上线下融合的物流配送体系很大程度上保障了疫情防控期间民众的正常生活。数字娱乐、远程办公、在线教育、工业机器人、服务机器人等零工经济、无人经济、无接触应用场景不断丰富，推动云计算、大数据、人工智能、区块链、AR/VR等应用需求快速增长，拉动经济社会数字化基础不断强化，全民数字化观念、技能和实践活动将更加普及。

二是产业数字化转型“加速”社会生产方式变革。疫情期间，线上消费增长拉动数字化、网络化、平台化的在线生产运营，消费互联网向产业互联网的过渡开始愈益加速。网络游戏等消费类产品和服务爆发增长的同时，互联网企业借助在线服务优势加速向传统行业渗透。线上业务快速拓展，加快推动企业内部数字化改造，以及供应链、产业链的数字化转型。商贸流通等服务领域数字化进程加速，金融、研发、咨询等生产性服务业的数字化转型不断强化。

三是数字基础设施“加速”成为社会基础设施的核心内容。通信网络、大数据中心、云平台、智慧城市大脑等数字世界的基础设施成为疫情防控背后的中流砥柱，保障了一路路通话、一张张订单、一项项服务、一次次决策的顺利进行。高效、智能、泛在、绿色的数字基础设施和传统设施的数字化升级将得到更大发展。5G 商用将进一步加速，远程医疗、在线教育与网上办公等应用将迅速普及和推广，视频社交、视频办公等网上多媒体场景将成为网络应用主流。

四是网络社会持续发育“加速”构建多元共治的数字化治理新模式。疫情防控更加依赖网络空间的新社会组织和运行模式、新商业模式发展，加速中国网络社会发育，互联网信息公开、民意表达、舆论监督、组织行动等得到前所未有的发展。基于网络空间“自组织、微循环、精准对接”的志愿帮扶活动有效激发了社会参与的巨大潜力，成为联防联控机制的重要补充。网络空间对国家治理、社会文化和经济生活的影响力倍增，政府、媒体、机构和公众等多元主体协同的新型治理模式不断成型。

（二）疫情防控暴露数字经济发展的短板弱项

数字经济快速发展已成为保障战“疫”成功的强大后盾，但疫情应对中也暴露出当前数字经济发展中存在诸多问题和短板。

一是数字技术和传统经济社会的融合程度仍然不够。高效的数字化系统，管理是基础，技术是保障，而管理创新的滞后和实体物质基础的薄弱使得数字经济新模式难以发挥应有的作用。本次疫情中，一些原本被寄予厚望的数字化系统没有发挥预期作用，出现技术与管理“两张皮”现象，比如传染病网络直报系统没能及时发挥作用，其根源在于针对新出现传染病的数据采集、审核报送流程、问责机制等管理方式有待优化。

二是区域和群体间的数字鸿沟问题仍然突出。防疫期间“停课不停学”，网课成了全国各地学校的选择，为孩子找信号、找设备、做辅导成为大量老少边穷地区家庭的较重负担。在复工复产中，受疫情冲击最严重的是中小微企业、弹性薪酬制员工（大量农民工）等弱势群体，他们普遍信息化能力低、数字化技能弱。这些状况造成数字鸿沟与经济鸿沟深度交织，加剧了经济社会发展的不平衡。

三是数字政府治理创新仍然严重滞后于经济社会发展。本次疫情，互联网平台、电商、快递等商业性数字经济系统发挥的作用要远远优于政务数字化系统，一些地方政府表现出数字能力不高、信息素养不足、决策机制不畅、应急联动低效等问题，政府治理能力相对滞后于经济社会发展已经成为数字经济全面发展的短板。数据治理、个人信息保护等立法滞后成为明显隐患。

（三）未来数字经济发展重点亟须聚焦补短板强弱项

后疫情时期，中国经济未来长期向好、高质量发展的基本面不会改变，这很大程度上要取决于数字经济的持续健康快速发展，以及数字经济对传统经济的补位、引领、渗透和融合。结合疫情防控中数字经济表现的优势与存在的不足，面向未来数字经济发展，亟须聚焦重点补短板强弱项。

一是进一步加大数字基础设施建设应用力度。数字基础设施是新基建的核心增量和发展方向。加大 5G 等基础网络、云计算、物联网、智能终端等全民覆盖和普惠服务力度，加快大数据、人工智能、智慧城市、工业互联网、区块链、北斗导航等应用型数字基础设施建设，将基础数据库、共性信息平台、公共服务平台、智慧城市运行管理中心（城市大脑）等纳入新型基础设施范围，推动无人化、协同化、公用化、智能化数字基础设施的统筹规划和共建共用。

二是进一步加快经济社会全要素数字化转型进程。产业数字化是未来一个时期的主要发展方向。要以制造业为核心加快产业数字化进程，优化升级服务业，带动农业现代化，引导加快消费互联网向产业互联网、价值互联网过渡，促进一二三产业融合协调发展。强化智慧城市和数字乡村建设，促进城乡区域融合协调发展。加快数字政府建设，促进服务转型，完善治理体系。引导培育数字文化，持续推进法规标准制度体系建设，优化数字经济发展生态。

三是进一步强化普惠高效优质的数字化公共服务。人是数字经济发展成败的关键，既是核心要素也是价值目标。要全面贯彻以人民为中心的发展思想，发挥中国特色的制度优势、市场优势、数据优势，建设普惠包容、精准高效、体验美好的数字化公共服务体系，促进数字时代人的全面发展。大力加强针对数字化弱势群体的信息设备供给、信息技能培训、信息消费补贴、信息活动引导，加大数字基础设施普遍服务力度，下大力气持续缩小群体和区域之间的数字鸿沟，以及经济社会发展鸿沟，促进数字经济的福祉惠及全民。

四是进一步激发数字经济微观主体活力和创造力。发展数字经济必须坚持市场主体导向，发挥数字科技高效连接所有微观主体的特殊优势。鼓励和引导更多中小微企业、社会公众参与数字经济生产、流通、消费和投融资等活动，创新并综合利用税收、金融、社保等鼓励政策，营造透明公正法治的市场环境，加大公共部门数据和其他数字资源的免费开放力度，鼓励数字经济理论研究、数字技术研发应用和商业模式创新，保护微观主体合理合法的数字权益。

二、加快探索小切口的数字经济政策

数字经济是建设现代化经济体系的主要形态、引领高质量发展的主要动力、深化供给侧结构性改革的主要阵地、推动产业基础高级化与产业现代化攻坚的主要载体。数字经济发展的机遇前所未有，面临的挑战也前所未有，尤其是新冠肺炎疫情的暴发，不少突出的短板梗阻与累积的矛盾风险集中显现，急需优先出台一批管用好用、落地有声的精准政策。

（一）数字经济发展面临五大短板

新冠肺炎疫情是检验数字经济成长的一次危机、一次大考，一些长期受困的短板在疫情中更加明显，一些潜在的风险隐患在疫情中呈现加剧苗头。

一是核心数字技术受制于人的软肋更加暴露。疫情期间，广泛应用于ECMO（人工肺）、负压救护车等救护医疗器械的差压传感器、磁传感器、超声波传感器、氧气传感器等核心器件高度依赖进口，国内28 900多家医疗器械企业以“小、散、低”为主，普遍欠缺核心开发能力和生产能力。

二是数字产业链脆弱性的风险更加高企。受国内疫情影响，加上日韩疫情造成部分电子元器件供给不足，电子信息制造等产业链复工复产难度较大，面临断链外迁风险。根据全国工商联智库委员会2020年对全国1 852家企业的复工调研显示，集成电路行业复工难度最大；在软件和信息技术服务业中，59.3%的企业受困于“外地员工返岗隔离14天导致无法正常复工”，43.3%的企业受困于“上下游产业链难以协同复工”，34%的企业受困于“客户资源严重减少”。

三是企业数字化转型的短板更加突出。疫情期间，尽管不少企业转战互联网探索数字化转型，拓展了“直播电商”“无接触贷款”“在线办公”等模式，但由于短期收益低、转换成本高、试错风险大，企业普遍“不想转”“不能转”“不会转”“不敢转”，我国制造业企业生产设备数字化率不到50%、应用信息技术实现业务集成比例不足20%，《2021埃森哲中国企业数字转型指数》报告指出，数字转型成效显著的中国企业比例为16%。

四是城乡区域数字鸿沟的不足更加凸显。疫情期间，受限于网络覆盖的中西部农村普遍存在疫情防控、复工复产的信息化支撑不到位，按照“停课不停学”要求，大量中西部农村学生苦于找网络信号、找上网设备、找网课资源。截至2020年3月，全国仍然有大约3.62亿人无法上网，其中超过2亿人是农民，大约5 800万人“没有电脑等上网设备”[①]。

五是数据资源治理制度的梗阻更加明显。疫情暴发以来，各级卫健部门、疾控单位、地方医院等在新冠肺炎疫情数据采集、开放共享等方面存在不足，使得原本被寄予厚望的传染病网络直报系统没有及时拉响疫情警报。这充分暴露了上下不联、横向不通的数据资源治理体制机制缺陷和障碍突出，尤其是政企数据对接难，我国开放数据集规模相对较小，企业生产经营数据中来自政府的比例较低，掌握海量数据的超大型互联网企业向政府开放数据资源意愿低。

（二）加快探索小切口的数字经济政策

在数字经济的迅猛潮流与激烈的全球竞争中，不进则退、慢进亦退，不破则退、不立亦退，亟须从短期发展切口入手、从长期战略规划着眼，出台一批精准落地政策。

一是探索建立数字经济全产业链保护区。优先支持5G、工业互联网、集成电路、智能制造、新型显示等五大战略性新兴产业，依托深圳龙岗区、成都高新区、上海浦东新区三地电子信息制造业集聚集群优势，先行探索建设数字经济全产业链保护区。对数字经济全产业链保护区实施新产业用地政策，实施财政、税收、金融与社保等领域的结构化支持政策。依托龙头企业、行业组织等建立数字经济产业链上下游配套企业清单，按照“一链一平台”建立产业链共享服务平台，实施清单式、全链条精准服务。

① 数据来源：中国互联网络信息中心（CNNIC）发布的第50次《中国互联网络发展状况统计报告》。

二是探索建设数字经济国家实验室体系。依托北京怀柔、上海张江、安徽合肥三个综合性国家科学中心，加快建立数字经济领域关键核心技术攻关的国家实验室，加快攻克高端芯片、基础软件等，力争在人工智能、量子计算、区块链等领域形成非对称优势。依托龙头企业探索把国家实验室靠前建在市场一线、建在企业的机制与模式，立足大国市场优势与应用场景优势，打造“市场需求—应用研究—原始创新”模式。借鉴新一代光刻技术突破经验，建立国家实验室、国家工程中心、国家产业创新中心、龙头企业协同合作的联合攻关体系与机制。

三是探索启动普惠共享信息消费的激励政策。实施信息消费下乡计划，重点面向约 6 646 万没有电脑等上网设备的农村居民实施电脑、智能手机等电子产品购置补贴，并定向实施流量优惠政策。实施“贫困地区电子书包”计划，在相对贫困地区为学龄儿童提供在线学习电子设备、网课资源等，并逐步向建档立卡贫困户学生全覆盖推进。探索电子消费券纳入低收入群体支持、社会福利救助政策。

四是探索建立适应数字经济的灵活就业政策。实施“灵活就业倍增”计划，在总结疫情期间灵活就业、在线办公的基础上，依托直播电商、社交电商、生鲜电商等各类电子商务平台，以及共享经济、“宅经济”平台，积极拓展灵活就业空间，对提供灵活就业的平台企业予以稳岗创业补贴、技能培训补贴等就业扶持政策。强化灵活就业社保网络，加强对数字经济背景下劳动关系、社会保障新问题的研究，建设符合数字经济就业特点和更为完善的就业保障体系。推动将依托互联网平台实现灵活就业人员纳入社会保障覆盖范围，切实加强灵活就业人员的劳动者权益保障。

五是探索推动数字经济发展的金融支持政策。探索全产业链总体授信与配比授信政策，为推动产业链上下游企业协同发展，探索金融机构对数字经济全产业链保护区实施总体授信，规定授信总额，上下游企业以供应链关系相互提供信用担保，明确相当比例的授信额度定向服务中小配套企业，推动供应链核心企业、互联网平台企业与金融机构信用信息共享和评价结果互认。推进新型基础设施建设REITs（不动产投资信托基金）试点，在数字轨道交通、新一代人工智能设施、智能电网、新能源汽车充电设施等建设领域试点REITs，探索在企业所得税、增值税、印花税等方面给予配套支持。

六是探索推进数据资源治理创新。探索构建全国一体化国家大数据中心，聚合“十二金”工程数据、四大国家基础数据库，形成统一开放共享的“数据航母”。探索建立世界级科技创新数据资源平台，借鉴美国国家生物技术信息中心（NCBI）、日本DNA数据库（DDBJ）经验，先行建设国家信息科学数据平台、国家生命科学数据平台、国家能源科学数据平台。探索数据资源所有权与使用权分置，实施数据资源谁使用、谁受益、谁保护，数据所有者拥有分享数据资源开发所得的权益。适时推进数据定价、交易、流通机制建设。

三、推动地方数字经济发展打开新空间

“十四五”时期，技术经济范式加速从工业化向数字化演进，数字经济将成为各地建设现代化经济体系的主要形态、引领高质量发展的主要动力、深化供给侧结构性改革的主要抓手，各地将迎来数字经济竞争优势的全面重构。不同于传统工业化模式，地方发展数字经济需要全面调整发展战略、产业政策，需要坚持辩证思维抓好数字经济发展的顶层设计“轴”、核心产业“基”、开放合作“圈”、创新发展“策”与人才队伍“巢”使数字经济落地生根、育木成林，成为“十四五”时期迈好第一步、见到新气象的重头戏。

（一）强化顶层设计“轴”，进一步把纵向到底与横向到边结合起来

发展数字经济是涉及数据要素、技术创新、平台企业、产业生态、

智慧政府、创新制度的系统工程，不能简单套用建园区、搞招商、上项目的传统工业化模式。“十四五”时期，各地发展数字经济最首要的是把顶层设计这根发展之“轴”立起来。一方面要避免“九龙治水”的老问题，通过“一把手”制度形成纵向到底、横向到边的组织领导格局，成立地方党政“一把手”亲自抓的数字经济发展领导小组，统筹纵向各级政府、横向各级部门的组织协调机制，统筹部署推进数字经济重大改革、重大政策、重大工程。另一方面要避免“各吹各调”的老问题，通过数字经济“一号工程”形成纵向到底、横向到边的规划发展格局，各地要坚持“资金跟着项目走、项目跟着规划走”，践行数字经济发展规划一张蓝图干到底，形成“数字经济总体规划＋专项规划＋行动计划＋实施方案”的路线图、任务书、时间表，强化数字经济规划实施刚性约束。

（二）夯实核心产业“基”，进一步把“无中生有”与“脱胎换骨”结合起来

各地发展数字经济既存在脱离地方产业基础一味追求“高大上”“新特奇”的问题，也存在守着农工商“老三件”不知道如何抢抓数字经济的现象。“十四五”时期，各地发展数字经济既要注重通过数字技术赋能推动传统产业“脱胎换骨”，也要超前布局“无中生有”培育一批数字化产业。一方面要优化产业存量，积极推动新一轮数字化技术改革，推进“上云用数赋智”，探索在若干传统支柱产业领域推进“一业一云”，加快智能工厂、数字农业、数字商圈的改造。另一方面要培育产业增量，利用全产业链门类、海量应用场景推动数字技术创新与转化应用，探索在长三角、珠三角、京津冀地区部分城市打造“世界创新资源＋中国应用市场＋城市转化中心”的特色创新模式，在工业软件、集成电路、高端芯片等领域积极推进“卡脖子”技术产品自主创新攻关，打造一批数字经济领先城市。

（三）打造开放合作“圈”，进一步把引进来聚合与走出去融入结合起来

与传统工业强调“链控制”模式不同，数字经济发展更强调“圈合作”思维，其发展离不开聚合各类数据要素、数字技术、平台企业的生态圈。“十四五”时期，各地发展数字经济既要引进来，也要走出去，尤其是要打破行政区之间的恶性竞争，变以邻为壑为携手共进。一方面要善于引进来共享要素资源，引导数字经济领域的行业知名企业、院校、科研机构与本地企业共同成立数字经济发展联盟，探索“本地化＋落地化”服务模式，深化与国际数字经济领域的合作与交流，积极推进世界知名企业在当地设立区域总部或研发中心。另一方面要善于利用走出去加快融入区域一体化，推动区域性数字化基础设施、公共数据资源和服务平台共建共享，探索建设“数字长三角”“数字大湾区”“数字京津冀”“数字成渝经济圈”。

（四）勇闯创新发展“策”，进一步把大胆创新与坚守底线结合起来

数字经济是发展最快、创新最活跃的经济活动，新技术、新产业、新业态、新模式层出不穷，既存在被简单套用原有的监管制度而捆住手脚的问题，也暴露出一些以创新之名行违法违规之实的现象，如高利息网贷、网络非法集资等。“十四五”时期，各地发展数字经济要在公平监管的基础上把制度政策盘活，在集成性制度创新、首创性制度创新上“胆子要大一些”“看准了的，就大胆地试、大胆地闯”。一方面要鼓励数字经济制度创新，借鉴浙江、上海、贵州、四川等地数字经济先行经验，深化“放管服”改革，在建立和完善补位性、保障性的制度和规范等方面多做一些工作，及时出台已经看得清楚、客观上也能够尽快修改完善的法律法规，破除不合理的行业壁垒。另一方面要筑牢数字经济发

展的底线红线，研究制定以用户安全保障为底线的准入政策，针对数字经济的制度政策创新提供风险可控的“沙箱”空间，对涉众类的新业态新模式强化审慎监管。

（五）筑好人才发展“巢”，进一步把“外来和尚”与“本土行家”结合起来

与传统产业招商引资不同，数字经济发展更加强调招才引智，比拼的是两院院士、科学家、工程师、技术人员以及海外高层次人才，往往是“引进一个人才，带来一个团队，兴办一个企业，形成一个产业，擦亮一个城市”。“十四五”时期，各地发展数字经济要着力解决人才尤其是高端人才不足的问题，既要培养一批本土行家，也要把能念好经的“外来和尚”请进来。一方面要潜心做好本地人才培养培训，鼓励高等院校、科研院所和龙头企业合作，面向市场需求建立数字经济人才实训基地，为数字经济发展培育实用性本土人才，组织开展数字经济干部培训轮训，加快建设数字经济发展的党政干部队伍。另一方面要走出去选才引才用才，创新人才柔性引进等模式，打造高层次国际人才的招引窗口，推动各类专家人才、创新团队在科技创新、成果转化等方面开展本地化合作。

第三章

创新数字经济治理模式

一、铸牢数字经济抗风险的安全底座

未来五年，数字经济将迎来创新发展的重大机遇，也将面临前所未有的风险挑战，尤其是随着数字经济领域成为全球大国博弈的主战场，网络设施、数字技术、数据资源、基础产业等领域安全风险进一步凸显，急需为数字经济发展铸牢安全底座。

（一）铸牢数字经济发展的网络安全底座

数字经济是建立在网络上的经济形态。没有网络安全，就没有数字经济的可持续高质量发展。《2020年上半年我国互联网网络安全监测数据分析报告》显示，我国网络安全形势较为严峻，2020年上半年捕获计算机恶意程序样本数量约1 815万个，国家信息安全漏洞共享平台收录通用型安全漏洞约11 073个，电力、石油天然气、城市轨道交通等重点行业暴露在互联网上的联网监控管理系统达到480套，一旦被攻击将严重威胁生产系统安全，境内大量能源、制造、通信等重点行业的联网工业控制设备关键信息基础设施及其联网控制系统的网络资产将持续遭受来自境外的扫描嗅探，给我国数字经济发展带来巨大安全隐患。

党的十八大以来，党中央、国务院高度重视网络安全工作，积极推进网络安全顶层设计和总体布局，以《中华人民共和国网络安全法》为核心的网络安全法律法规和政策标准体系基本形成，网络安全“四梁八柱”基本确立。但随着数字化技术变革与产业发展向纵深推进，尤其是网络空间的大国博弈加剧，网络安全问题更加复杂。“十四五”时期推动数字经济发展要更加强调网络安全的极端重要性，建立健全关键信息基础设施保护体系，加强网络安全基础设施建设，强化对能源、交通、水利、金融、公共服务、电子政务等重要行业和领域网络安全防护；要加强网络安全关键技术研发，加快人工智能安全技术创新，提升网络安全产业综合竞争力。

（二）铸牢数字经济发展的数据安全底座

数据作为国家基础性战略资源，是数字经济赖以有效运行的关键要素。没有数据安全就没有国家安全、就没有数字经济的健康发展。近年来，数据泄露问题不断暴露，2019 年数据泄露事件达到 7 098 起，涉及 151 亿条数据记录，银行、教育、电信、快递、证券、电商等成为数据泄露的高危行业。互联网平台面临巨大的数据安全防护压力，如阿里巴巴、京东、拼多多分别积累 7.9 亿、4.72 亿、7.89 亿活跃用户的网络零售交易、在线支付、消费习惯等海量数据，一旦数据泄露将带来不可估量的损失。此外，随着数据跨境流动日益频繁，世界各国对数据资源的争夺日益激烈，全球已有约 100 个国家和地区制定数据安全相关法律，如美国出台《澄清域外合法使用数据法案》、欧盟出台《一般数据保护条例》，我国必须高度重视数据安全风险与数据主权隐患。

数据安全是事关全局的国之大事。《中华人民共和国国民经济和社会发展第十四个五年规划和 2035 年远景目标纲要》《中华人民共和国数据安全法》对加强数据安全工作和推动数字经济发展作出系列部署与立法规定。面对数据安全不断变化的新形势、新特征、新要求，“十四五”时期要更加强调数据安全对于数字经济高速发展的压舱石作用，坚持以数据开发利用和产业发展促进数据安全，以数据安全保障数据开发利用和产业发展。聚焦数据安全领域的风险隐患，要建立健全数据安全审查、数据安全风险评估、监测预警和应急处置等基本制度；建立数据分类分级保护制度，严格管理关系国家安全、国民经济命脉、重要民生、重大公共利益等的国家核心数据，加强涉及国家利益、商业秘密、个人隐私的数据保护；加强数据安全评估，推动数据跨境安全有序流动。

（三）铸牢数字经济发展的技术安全底座

技术安全是数字经济发展的最大底气。不加快突破一批关键核心技术，数字经济发展的腰杆就硬不起来。近年来，数字经济的应用技术研发取得突破，中国企业的5G专利族声明量占比达32.97%，居全球首位，与发达国家的技术竞争总体上从跟跑向并跑甚至在局部领域向领跑转变。不容忽视的是，数字经济最底层的基础技术仍然没有牢牢掌握在自己手里，“卡脖子”技术问题非常突出。2020年美国相继对我国部分企业、大学禁用EDA（电子设计自动化软件）、MATLAB等基础设施软件，都精准指向了我国薄弱的基础工业软件领域。部分发达国家对我国发起“科技脱钩”，不断对我国参与全球科技人才交流合作制造障碍。

数字技术自立自强是数字经济发展的战略支撑。“十四五”时期要充分利用超大规模市场优势、新型举国体制优势，充分利用应用技术研发成果与海量应用场景资源，在国家层面统筹推进数字技术攻坚的“大平台＋大会战＋大转化”，全面打通数字经济发展的技术“堵点”、补强技术短板。一是推动“大平台”攻坚，加快建立数字技术领域的国家实验室体系，加快基础数学、基础物理、基础材料等领域的基础研究。二是推动“大会战”攻坚，在长三角、珠三角地区加快建设一批国家产业创新中心、国家制造业创新中心，依托行业龙头企业、科研院所，开展通用处理器、云计算系统和软件核心技术攻关大会战。三是推动“大转化”攻坚，通过全产业链门类、海量应用场景推动科技创新，推动人工智能、量子计算等先进技术成熟落地，探索打造“世界创新资源＋中国应用市场＋城市转化中心”的特色创新模式。

（四）铸牢数字经济发展的产业安全底座

正如动力装备之于工业经济的重要性，芯片、软件、系统等是数字经济最基础的组件，如果基础不牢，数字经济发展就始终面临看天吃饭的隐患。近年来，我国数字经济迅速发展，2020年广东、江苏、浙江、上海等13个省份数字经济跻身 1 万亿元俱乐部。但亟须冷静正视的是，数字经济的基础产品、基础产业仍然非常薄弱，源头供应链面临着市场性、政治性断供风险。我国 90% 的芯片、70% 的工业机器人、80% 的高档数控机床和 80% 以上的核心工业软件依赖进口[①]。2020 年芯片进口总额超过 3 500 亿美元，是石油进口金额的 2 倍，是国内进口规模最大的行业之一，而 2021 年开始的全球"芯片荒"更使得我国汽车等多个支柱产业面临不同程度的断供减产困境。

产业链、供应链安全是数字经济发展的坚实保障，发展数字经济要加快推进产业基础高级化、产业链现代化，全面提升产业链、供应链的抗风险能力。"十四五"时期，聚焦补链固链强链，要加快推动"安可工程"向核心芯片、数据库、基础软件等领域拓展，推进"信创工程"进一步覆盖重点企事业单位应用系统，加快推进高端芯片与数据库、操作系统、基础软件等自主可控；实施数字经济基础产业再造工程，在类脑智能、量子信息、卫星互联网等前沿科技和产业变革领域，组织实施未来产业孵化与加速计划，积极培育数字经济领域具有"非对称优势"的产业；加快制定数字经济领域"断供"的风险预警与预案，推动数字经济基础产品进口来源多元化，加快引进"卡脖子"技术产品的国产化培育。

铸牢安全底座是未来发展数字经济的重中之重，必须坚持统筹发展和安全，把安全贯穿数字经济发展各领域和全过程，全面提升数字经济发展的安全保障体系与能力。

二、数字经济测度指标体系研究

（一）数字经济的发展形势及测度需求

人类社会正在进入以数字化生产力为主要标志的新的历史阶段。以互

① 艾瑞咨询报告《2019 年中国制造业企业智能化路径研究报告》。

联网、云计算、大数据等为代表的新一代信息技术迅猛发展，信息化与经济社会各层面深度融合，数字经济已然成为引领科技革命、产业变革和影响国际竞争格局的核心力量，不断为全球经济复苏和社会进步注入新的活力。G20杭州峰会发布的《二十国集团数字经济发展与合作倡议》（2016）给出了数字经济的具体定义，即以使用数字化的知识和信息作为关键生产要素、以现代信息网络作为重要载体、以信息通信技术的有效使用作为效率提升和经济结构优化的重要推动力的一系列经济活动。

鉴于数字经济的快速发展并与各行各业深度融合，衡量数字经济的影响对于理解整体经济形势十分重要（美国商务部经济分析局，2018）①。国际货币基金组织（IMF）第五届“衡量数字经济”统计论坛指出，在GDP缓慢增长的大背景下，现有宏观统计已经无法完全捕捉数字和被数字化提升的产品与活动所带来的增加值（IMF，2017）②。但由于数字经济以数据资源为关键要素，涉及的领域新，跨越了行业和地域的限制，与传统经济的统计口径、产业分类体系具有一定交叉性，很难准确测量数字经济的体量和影响，这也进一步制约了学界与政府部门对宏观形势的总体把握和相关政策制定。因此，急需加快对数字经济发展水平进行科学的评价和测度，客观反映数字经济对经济社会发展的影响，并在国家相关政策研判决策中起到更好的参考作用。

目前学界和政府部门对数字经济的测度一般分两类，一是直接法，即在界定范围之下，统计或估算出一定区域内数字经济的规模体量（美国商务部数字经济咨询委员会，2018③；中国信息通信研究院，2018④）；二是

① 上海社会科学院经济研究所．全球数字经济竞争力发展报告［M］．社会科学文献出版社，2017.

② 张美慧．国际新经济测度研究进展及对中国的借鉴［J］．经济学家，2017（11）：47-55.

③ 张雪玲，焦月霞．中国数字经济发展指数及其应用初探［J］．浙江社会科学，2017（4）：32-40.

④ 佚名．中国城市数字经济指数白皮书（2017）发布［J］．中国信息化，2017（5）：73.

对比法，即基于多个维度的指标，对不同地区间的数字经济发展情况进行对比，得到的是数字经济或具体领域发展的相对情况（经济合作与发展组织，2017；联合国国际电信联盟，2015[①] 等）。作为中国数字经济发展指数的前期研究，本章主要关注后者，并参考了欧盟、美国商务部数字经济咨询委员会、联合国国际电信联盟、世界经济论坛、经济合作与发展组织等国际机构以及中国信息通信研究院、赛迪顾问股份有限公司、上海社科院等国内机构发布的十二个有较高相关性的数字经济指标体系（见表 3–1）（其中美国商务部数字经济咨询委员会的有关数字经济的评测建议是指导性文件，经济合作与发展组织的衡量数字经济指标为形成最终总指数），并将其优缺点和可借鉴的经验进行点评，为建立中国数字经济发展指数提供理论依据。

表 3–1　数字经济相关指标体系一览表

指数名称	发布方	相关度	一/二/三级指标数	首次发布年份	出处
数字经济与社会指数（DESI）	欧盟	高	5/12/31	2014	*DESI* 2017: *Digital Economy and Society Index*
关于数字经济的评测建议	美国商务部数字经济咨询委员会	高	无	2016	*Measuring the Digital Economy-BEA*
衡量数字经济指标建议	经济合作与发展组织	高	4/38	2014	*Measuring the Digital Economy: A New Perspective*
网络准备度指数（NRI）	世界经济论坛	较高	4/10/53	2002	*The Global Information Technology Report*（2016）
ICT（信息与通信技术）发展指数（IDI）	联合国国际电信联盟	较高	3/11	1995	*Measuring the Information Society Report*（2017）
数字经济指数	中国信息通信研究院	高	3/23	2017	《中国数字经济发展白皮书（2017 年）》

① Nardo M，Saisana M，Sdtelli A，et al.Handbook on Constracting Composite Indicators: Methodology and User Guide（Complete Edition–ISBN 9264043454）[J].Oecd Statistics Working Papers，2008，73（2）:1111.

续表

指数名称	发布方	相关度	一/二/三级指标数	首次发布年份	出处
数字经济发展指数	赛迪顾问股份有限公司	高	5/34	2017	《2017 中国数字经济指数（DEDI）》
数字经济竞争力指数	上海社科院	高	4/12/24	2017	《全球数字经济竞争力发展报告（2017）》
“互联网 +”数字经济指数	腾讯	高	4/14/135	2017	《中国“互联网 +”数字经济指数（2017）》
中国数字经济指数	财新智库等	较高	4/18	2017	《中国数字经济指数》（试行版）
中国城市数字经济指数	新华三集团数字经济研究院	较高	4/12/36	2017	《中国城市数字经济指数白皮书（2017）》
中国（苏州）数字经济指数	苏州大学等	较高	3/8/27	2017	《基于大数据的苏州数字经济》

（二）国际数字经济相关指数的指标体系述评

1. 欧盟数字经济与社会指数（DESI）

欧盟历来重视数字经济的发展与统计，从 2014 年起发布了《欧盟数字经济与社会报告》（*Digital Economy & Society in the EU*）并发布了数字经济与社会指数（Digital Economy and Society Index，DESI）。DESI 是显示欧盟各国数字经济发展程度的合成指数，由欧盟根据各国宽带接入、人力资本、互联网应用、数字技术应用和公共服务数字化程度等 5 个方面的 12 项二级指标计算得出（见表 3–2）。该指标的合成方法参照了经济合作与发展组织（OECD）发布的《建立复合指数：方法论与用户说明手册》，具有较高的理论水平、科学性和可延续性。并且，该指数兼顾数字经济对社会的影响，是探析欧盟成员国数字经济和社会发展程度、相互比较、总结发展经验的重要窗口。该指标体系的另一大优势是，大部分指标数据来源于欧盟家庭 ICT 调查、企业 ICT 调查等专项统计调查，具有充分的研究积累和数据支撑。该指数框架设计以及调查数据采集的工作机制的经验可供参考借鉴。

表 3-2 欧盟数字经济与社会指数（DESI）指标体系

一级指标	二级指标
宽带接入	固定宽带 移动宽带 速率 可支付能力
人力资本	基本能力和使用情况 高级技能及发展
互联网应用	内容 交流 交易
数字技术应用	企业数字化 电子商务
公共服务数字化程度	电子政务

2. 美国商务部关于数字经济的评测建议

2016 年，美国商务部数字经济咨询委员会（DEBA）《数字经济委员会第一份报告》中，提议衡量数字化对经济指标（如 GDP、生产力水平）的影响、数字化对跨行业的扩展作用，并提出了衡量数字经济的四部分框架：一是各经济领域的数字化程度，如企业、行业和家庭等；二是经济活动和产出中数字化的影响，如搜索成本、消费者剩余和供应链效率等；三是实际 GDP 和生产率等经济指标的复合影响；四是监测新出现的数字化领域。报告中首次估算出美国数字经济的规模。根据美国商务部经济分析局（BEA）测算，2016 年美国数字经济规模为 1.2 万亿美元[①]，占美国 GDP 总量（18.7 万亿美元）的 6.4%。

美国商务部经济分析局（BEA，2018）提出数字经济估算的三个步骤：

① 这是美国自己测算的数据，与国内机构测算的数据口径不一样，美国的口径相当于我国提的数字经济核心产业，国内机构测算的数据数值比较大，是宽口径数据，这里宜采用美国的口径。

一是建立对数字经济的概念性的解释，二是在供给－使用的框架下，确认哪些货物和服务是和衡量数字经济相关的，三是利用供给－使用框架，识别出生产货物和服务的相关行业，并估算相关经济活动中的产出、增加值、雇佣情况、补贴以及其他因素。

美国商务部现有的对数字经济测度的方式更多是直接法，即通过对美国数字经济范围的界定、分析数字化对经济的影响路径来测算数字经济的规模、影响。由于美国数字经济发展较早，相关的政策研究将近20年，理论体系相对成熟，值得我国参考借鉴。

3. 经济合作与发展组织（OECD）衡量数字经济指标建议

作为对数字经济研究起步较早的机构，经济合作与发展组织官方出版物《互联网经济展望》（*Internet Economy Outlook*）2017年更名为《数字经济展望》（*Digital Economy Outlook*）和《衡量数字经济——一个新的视角》，对于数字经济有长期的跟踪和前瞻的研究。OECD对数字经济的测度是两种方法兼顾，《衡量数字经济——一个新的视角》中主要采用了对比法，构建的数字经济指标体系涵盖了具有国际可比较性的38个指标（见表3–3），但是并未选取固定的样本国家数进行全面的数据采集，没有汇集成总的指标，也未对世界各国的数字经济发展情况作出对比和评价。但它详细罗列的数字经济的关键领域和采分点可供参考。

表3–3　OECD衡量数字经济指标体系（建议）

一级指标	二级指标
投资智能化基础设施	宽带普及率 移动数据通信 互联网发展 开发更高速度 网络连接价格 ICT设备及应用 跨境电子商务 网络安全 感知安全和隐私威胁 完善网络安全和隐私证据基础

续表

一级指标	二级指标
赋权社会	互联网用户 在线行为 用户复杂性 数字原住民 儿童在线 教育中的 ICT 工作场所中的 ICT 电子商务消费者 内容无边界 电子政府应用 ICT 和健康
创新能力	ICT 与研发 ICT 行业创新 电子商务 发挥微观数据的潜力 ICT 专利 ICT 设计 ICT 商标 知识扩散
ICT 促进经济增长与增加就业岗位	ICT 投资 ICT 商业动态 ICT 附加值 信息产业劳动生产率 测度经济服务质量 电子商务 ICT 人力资本 ICT 工作岗位及 ICT 行业工作岗位 贸易经济与全球价值链

在理念层面，OECD 也从直接法的角度对数字经济进行了前期研究，提出建立新的测量标准应重点关注的六大领域：一是提高对 ICT 投资及其与宏观经济表现之间关系的度量能力；二是定义和度量数字经济的技能需求；三是制定度量安全、隐私和消费者保护的相关指标；四是提高对 ICT 社会目标及数字经济对社会影响力的度量能力；五是通过建立综合性和高质量的数据基础设施来提高度量能力；六是构建一个可将互联网作为数据源使用的统计质量框架。

4. 世界经济论坛网络准备度指数（NRI）

世界经济论坛从 2002 年开始发布网络准备度指数（NRI），重点分析了全球信息化领先国家和地区的排名、主要经验和做法，NRI 在信息化领域的国际测评中具有相当的权威性。虽然三级指标较多（有 53 个），但是一、二级指标设计得非常简洁、科学。在动力机制方面，NRI 认为信息化准备度、应用情况以及大环境共同构成发展的驱动力，并产生经济和社会影响。相比其他指数，NRI 重点关注信息技术领域，但是信息化能力是发展数字经济的前置条件，因此它在信息化领域选取的指标、对经济的影响机制都值得参考。世界经济论坛网络准备度指数指标体系见表 3–4。

表 3–4　世界经济论坛网络准备度指数指标体系

一级指标	二级指标
环境	政治与治理环境 营商与创新环境
准备度	基础设施 可支付能力 信息化服务供给能力
应用	个人使用 商业使用 政府使用
影响	经济影响 社会影响

5. 联合国国际电信联盟 ICT 发展指数（IDI）

1995 年至今，联合国国际电信联盟已发布第九版《衡量信息社会报告》和 ICT 发展指数（IDI），有长期的研究积淀和专业性，2017 年的测评对象包括世界 176 个经济体，为各国政府和各部门广泛采用。IDI 针对 ICT 接入、使用和技能设立了 11 项指标（见表 3–5），可对不同国家和不同时段进行比较。IDI 虽然对经济相关的内容测量较少，但是，其中对信息通信技术相关领域的基础设施建设、产业应用、人力资本情况都有全面的衡量，对于我国数字经济的测评中衡量信息技术方面的产业定位、指标选取乃至参考值设立都有很强的经验价值。

表 3-5　联合国国际电信联盟 ICT 发展指数指标体系

一级指标	二级指标
ICT 接入	固定电话覆盖率 移动电话覆盖率 用户平均国际互联网带宽 家庭电脑普及率 家庭互联网接入率
ICT 使用	互联网用户率 固定宽带使用率 移动宽带使用率
ICT 技能	入学年限中位数 初中入学率 高等教育入学率

（三）国内数字经济相关指数的指标体系述评

1. 中国信息通信研究院数字经济指数（DEI）

2017 年 7 月，中国信息通信研究院发布的《中国数字经济发展白皮书（2017 年）》中采用直接法对中国数字经济的总量进行了估算，并用对比法，提出数字经济指数（DEI），观测全国数字经济发展状况（见表 3-6），本章重点关注 DEI 的构建。与其他同类型指数有较大差异的是，DEI 为景气指数，包括先行指数、一致指数和滞后指数三类，可以通过与基期对比，反映不同期的经济景气状态。这一指数相比其他指数的优点在于，充分考虑了数字经济发展所必需的基础条件、数字产业化、产业数字化，以及数字经济对宏观经济和社会带来的影响，并且选取了许多具有中国特色、时代特色的指标，是一个相对大而全的指数。缺点是理论框架不够完善，指标之间的逻辑联系和科学依据不是很清晰，有些指标是当下的热点，但是不一定有长期观测的可持续性和代表性。

表 3-6 中国信息通信研究院数字经济指数指标体系

<table>
<tr><th>先行指数</th><th>一致指数</th><th>滞后指数</th></tr>
<tr><td>大数据投融资</td><td>ICT 主营业务收入</td><td>第一产业增加值</td></tr>
<tr><td>云计算服务市场规模</td><td>ICT 综合价格指数</td><td>工业增加值</td></tr>
<tr><td>物联网终端用户数</td><td>互联网投融资</td><td>第三产业增加值</td></tr>
<tr><td>移动互联网接入流量</td><td>电子信息产业进出口总额</td><td rowspan="7">信息消费规模</td></tr>
<tr><td>移动宽带用户数</td><td>电子商务规模</td></tr>
<tr><td>固定宽带接入时长</td><td>互联网服务市场规模</td></tr>
<tr><td rowspan="4">固定宽带用户数</td><td>“互联网 +” 协同制造</td></tr>
<tr><td>“互联网 +” 智慧能源</td></tr>
<tr><td>“互联网 +” 普惠金融</td></tr>
<tr><td>“互联网 +” 高效物流</td></tr>
</table>

2. 赛迪顾问中国数字经济发展指数（DEDI）

2017 年 11 月，赛迪顾问股份有限公司发布《2017 中国数字经济指数（DEDI）》白皮书，白皮书在对数字经济的发展演变和特点进行分析的基础上，将数字经济划分为基础型、资源型、技术型、融合型和服务型，对全国 31 个省级行政区域进行测算。DEDI 兼顾了全国各省的测评和五个维度数字经济分指数的评估（见表 3-7），并运用了互联网企业的用户数据，反映数字经济在服务领域的渗透情况，具有一定的创新性。但是数据来源不够稳定、无法与国际对比是这类指标的共性缺点。

表 3-7 赛迪顾问中国数字经济指数指标体系

一级指标	二级指标
基础型数字经济	电子信息制造业规模 信息传输业规模 软件和信息技术服务业规模 互联网普及率 固定宽带签约 宽带用户平均下载速率 移动电话普及率

续表

一级指标	二级指标
资源型数字经济	上市大数据企业数 数据交易中心数量 政府数据开放水平 移动互联网接入流量 移动宽带用户数 固定互联网宽带接入时长 固定宽带用户数
技术型数字经济	高技术产业研发人员折合全时当量 高技术产业研发经费内部支出 高技术产业专利情况 高技术产业技术获取与技术改造支出
融合型数字经济	农业互联网平台数 电子商务交易活动企业占比 两化融合国家级示范企业数 数字化研发设计工具普及率 关键工序数控化率 智能制造就绪率
服务型数字经济	即时通信 旅游 生活服务 网上购物 互联网金融 娱乐 教育 互联网医疗 出行 政务

3. 上海社科院全球数字经济竞争力指数

《全球数字经济竞争力指数（2017）》于 2017 年 12 月首次发布，报告将数字经济分为主体产业部分和融合应用部分。该指数主要采用对比法，通过大规模采集和分析全球 120 多个国家的数字经济发展数据，形成了综合性及多维度的评价。该指数构建了由数字基础设施、数字产业、数字创新、数字治理共四个维度构成的全球数字经济竞争力分析模型（见表 3-8），其中数字基础设施、数字产业和数字创新是一国数字经济竞争力的三大支柱，数字治理则是这一体系健康运行的保障。

表 3–8　上海社科院全球数字经济竞争力指数指标体系

一级指标	二级指标
数字基础设施竞争力	云 管 端①
数字产业竞争力	经济产出 国际贸易 平台企业
数字创新竞争力	技术研发 人才支撑 创新转化
数字治理竞争力	公共服务 治理体系 安全保障

相比其他指标体系，竞争力指数强化了治理的作用，在操作层面，选取联合国电子政务调查等统计和调查数据，考察政府服务、数据开放等水平，在数字治理层面的研究具有一定的前瞻性和完备性，对于我国建立数字经济发展指数有一定的参考价值。但是由于上述数据来源不够稳定，不同国家缺失项不同，测算过程容易受制于人，而且许多指标对于国家而言有测算的价值，如果是对省市的评估，则差异不一定显著。

4. 腾讯“互联网 +”数字经济指数

2015 年起，腾讯联合京东、滴滴等机构统计了涵盖腾讯的微信、支付、城市服务、众创空间等十余个核心平台的全样本数据，以及京东、滴滴、携程等企业的行业数据，构建了中国“互联网 +”数字经济指数。该指

① 云管端是指数字基础设施中的三类，云是云服务，端是智能终端，而管则是链接“云”和“端”之间的各种设备。

数采用对比法，下设基础、产业、创新创业、智慧民生四个分指数，共涵盖 14 个一级指标、135 个二级指标，内容涉及社交、新闻、视频、云计算、三次产业的 17 个主要子行业，直观反映“互联网 +”数字经济在全国 31 个省（自治区、直辖市）、351 个城市的落地情况。这些互联网企业数据资源丰富，一手数据可以动态更新，这是互联网企业牵头制订指数的核心优势。而且相关企业业务覆盖范围广泛，行业渗透率高，能够较为精准、及时反映出市场的活力和数字经济发展的真实情况。但是缺点在于，数据往往受限于相关企业的市场份额和业务类型，是否能够代表数字经济的整体水平有待商榷，且对于宏观层面如信息基础设施，以及传统制造业的数字化转型等内容几乎没有涉及。

5. 财新智库等中国数字经济指数（CDEI）

2017 年 5 月财新智库等机构发布中国数字经济指数（China Digital Economy Index，CDEI）。CDEI 采用对比法，主要关注数字经济对整个社会效率提升的能力，即生产能力、融合能力、溢出能力、全社会利用能力四个部分，由此对应四个一级指标（见表 3–9）。CDEI 作为媒体发起的指标体系，与腾讯的“互联网 +”数字经济指数都具有创新性强、亮点突出的特点，更具备时代特征，能够反映当下的市场活力和重点领域的发展状况，但是指标的理论基础有待商榷，更多采用了抓取的企业数据，不一定能够客观反映我国数字经济的宏观情况。

表 3–9　财新智库等中国数字经济指数指标体系

一级指标	二级指标
数字经济产业指数	大数据产业 互联网产业的劳动投入 人工智能产业
数字经济融合指数	工业互联网 智慧供应链 共享经济 金融科技

续表

一级指标	二级指标
数字经济溢出指数	制造业占比 其他行业对数字经济的利用率（共 8 类） 其他行业分别占比（共 8 类）
数字经济基础设施指数	数据资源管理体系 互联网基础设施 数字化生活应用普及程度

6. 新华三集团中国城市数字经济指数（DEI）

《中国城市数字经济指数白皮书》于 2017 年 4 月首次发布，是首个针对中国城市数字经济发展水平的评估体系（见表 3–10），该指数采用对比法，结合当前热门技术应用和城市发展状况，从城市信息基础、城市服务、城市治理、产业融合等角度，评估中国各城市数字经济发展水平，首次评估覆盖了全国 40 个城市。该指标的特点是与国家和地方的相关政策规划重点结合，并考察了热点领域数字化应用情况，关注技术创新在应用层面的实施成效。但是，由于我国不同区域间差异较大，城市发展特点各有不同，针对城市的数字经济发展更应该因地制宜，横向对比的方法有待进一步完善。

表 3–10 新华三集团中国城市数字经济指数指标体系

一级指标	二级指标
城市信息基础	信息基础设施 数据基础 运营基础
城市服务	政策规划 智慧民生 应用成效
城市治理	政策规划 智慧治理 应用成效
产业融合	“互联网 + 农业” “互联网 + 工业” “互联网 + 服务业”

7. 苏州大学等中国（苏州）数字经济指数

2017 年 12 月发布的中国（苏州）数字经济指数，是通过对 300 多个网站的 268.4 亿条来自互联网、政府、企业等渠道的数据分析与测算而形成，展现了苏州数字经济发展状况和变化。作为首个以城市发起的针对地方数字经济发展水平的测量体系，该指数有一定的先驱性（见表 3–11）。指标体系的选取基本能够反映数字经济的主要特征，所选指标可获得性强，兼顾可扩展性，能够随着数字经济的发展进行调整和完善。基于大数据进行的挖掘与分析有一定的先进性，也是统计监测的一大趋势，但是如何对大范围的数据进行清洗、加工和解读还有待进一步研究。

表 3–11　中国（苏州）数字经济指数

一级指标	二级指标
发展环境	信息基础设施 知识产权 核心政策推动
信息产业	ICT 硬件产品制造业 ICT 软件和信息服务业
数字化融合发展	电子政务 数字消费 社交媒体

（四）数字经济测度的评析与政策建议

国际、国内各指标体系各有所长，各具特色。国际机构的研究成果中，从数字经济的概念界定和理论体系构建的角度看，美国商务部数字经济咨询委员会对数字经济的定义、理论、范围、测量的步骤都有研究，值得参考；从指标体系构建的角度，欧盟的数字经济与社会指数最为客观、全面，尤其是在数据获取的角度，欧盟有大量相关的调查、统计、研究，拥有良好的研究基础，欧盟长期大范围调查统计的工作机制值得学习；从指数设计的科学性和延续性的角度看，世界经济论坛的网络准备度指数和联合国国际电信联盟的ICT发展指数经历了较长时间的考验，尤其在信息基础设施和信息产业的测算和国际比较中非常成熟。

与国际多个指标体系相比，中国现有的指标体系有非常鲜明的特点。第一是时间新，本章涉及的7个国内数字经济指数均首次发布于2017年，显示出不同机构、企业和地方对国家战略和数字经济发展大势的重视程度和快速反应，但也说明中国在数字经济发展测度方面的研究起步较晚。第二是差异性强，国内的7个指数各具特色，反映出不同机构和角色下对数字经济的关注点和理念方法的差异，国际组织的测度方法相比之下都非常中规中矩，考察内容无外乎数字经济的基础、应用、影响等方面。第三是创新应用大数据，企业主导设计的指标体系中更体现出数据来源的多样性。

在综合研究和对比了国内外现有的数字经济相关指数的基础上，为有效推进中国数字经济发展水平的研究，我们提出以下建议。

一是加强数字经济测度和评估的理论研究。对于数字经济的测度应是建立在严密的理论框架之下，方能有权威的政策影响力和学术价值。建议在国内外现有研究基础上，提出具有中国特色、符合中国实际的理论框架和测度思路。

二是探索建立跨部门工作机制，加快开展数字经济相关统计调查。构建跨部门、跨层级的指数研究、调查和评估工作组织，系统构建关键指标统计调查框架，保障一手数据、核心数据的长期采集，从而保障数据质量能反映真实水平，避免受到数据来源不稳定等因素影响。

三是在指标数据质量和来源可控的前提下，创新数据来源。国内多个数字经济指数在充分利用既有统计数据基础上，兼顾了反映市场活力的行业数据和网络抓取的互联网大数据，但如何兼顾指标的国际可比性有待进一步研究。

第四章

透视数字经济的就业效应

国务院印发的《“十四五”就业促进规划》提出，“以实现更加充分更高质量就业为主要目标，深入实施就业优先战略，健全有利于更加充分更高质量就业的促进机制”。近年来，我国数字经济规模发展速度之快、辐射范围之广、影响程度之深前所未有，对就业市场产生着持续而深远的影响。与历次产业变革相比，以数字技术变革为基础的数字经济发展所产生的就业创造效应和就业替代效应更加激烈、深化、长久。如何应对数字经济带来的就业创造效应与就业替代效应，统筹就业长期总量扩容与短期结构风险，加快就业政策制度体系调适，是我国稳就业、保就业的关键课题。

一、数字经济正在引发就业市场质与量的变革

以数字技术创新应用为代表的数字经济发展推动了劳动力市场的质变与量变，一方面引发了就业载体、就业形态、就业技能要求的显著变化；另一方面对就业数量产生了双重影响，形成了带有明显数字经济时代特征的就业创造效应与就业替代效应。

（一）就业载体发生巨大变化

数字经济的发展改变了组织的架构形态与管理模式，工业时代的静态、线型、边界清晰的组织形态得以重构。随着数字化技术的发展，各类资源要素快速流动、各类市场主体加速融合，企业边界被不断突破。我们能够基于网络化的链接构建起包含产学研用等在内的创新生态系统，构建起动态、网络型、无边界的新型组织，网络和平台越来越成为重要的就业载体。一方面，用工无须局限于组织内部的劳动力，而是能借助数字化网络或平台向各个社会节点寻求联结。另一方面，个体生产者、创业者也能依托网络实现更高质量的自主就业，能够更广泛高效地从其他社会节点获取订单、接受培训、对接资源等，大众创业、万众创新拥有了更坚实的基础与更具

活力的动能。

（二）就业形态产生深刻调整

一方面，数字经济打通了劳动的情景区隔。在工业化时代，空间的边界构成了当班（on duty）和不当班（off duty）的区分，工作需要劳动者聚集在一定的物理空间内才可进行。但数字经济泛在连接的特性，打通了工作与非工作的情境边界，既使得传统工作可借由远程办公、在线会议等手段得以在更多时空形态下展开，促进了企业降本增效，又由此催生了一批依托网络的新岗位新职业，为不同群体提供了更为多元包容的劳动机会。另一方面，数字经济打破了人与岗位的固定联结。在工业化时代，某一岗位往往对应特定职责、特定个体，但数字经济时代，工作计量单位从“牛顿力学”迈向“量子力学”，岗位可被解构为由不同单一技能所组成的“技能集”，再通过网络平台向社会“发包”，寻找不同适配技能的劳动者。一个岗位可由多个个体共同完成，一个个体也可同时适配多个岗位。新的劳动方式产生了新的就业形态，在签订劳动合同、建立固定劳动关系的标准就业形态之外，产生了以互联网为基础的“网签加盟”“合作合营”“利益分成”“众包模式”等新型模式，劳动关系认定及建立在其之上的劳动者权益、用工责任等也都产生了重要变化。

（三）劳动要求发生重要变化

马克思在《资本论》中提出，“发展为自动化过程的劳动资料的生产力要以自然力服从于社会智力为前提”，社会生产方式的转换也需要新的劳动技能与新的社会生产相匹配。一方面，数字技术和智能机器正在成为重要的生产工具，使得“工人不再是生产过程的主要当事者，而是站在生产过程的旁边”，这也就意味着数字经济时代的劳动输出将更多以脑力为主，标准化、流水线式的体力劳动将交由智能机器所承担，这将极大地促进人力的解放，“在必要劳动时间以外，为整个社会和社会的每个成员创造大量可以自由支配的时间（即为个人发展充分的生产力，因而也为社会发展充分的生产力创造广阔的余地）”。另一方面，数据成为新时代经济社会发展的基础性、战略性资源。这意味着数字经济时代的大量工作将以“数据”为核心展开，对劳动者的数字技能和数字素养提出了更高的要求，数字人才的社会重要性和市场需求度不断提升，尤其是在跨界融合、交叉渗透的创新环境下，掌握多类知识、拥有多种技能的复合型人才会更受青睐。

（四）数字经济对就业数量形成创造效应与替代效应

数字经济不仅会改变就业载体、就业形态、劳动要求，而且会形成对就业数量影响的创造效应与替代效应。创造效应与替代效应的来源是由于数字经济引致了宏观经济和劳动力市场的发展变化。从宏观经济方面来看，其对社会生产率、产业、技术的影响会作用于劳动力就业部门的规模；从劳动力市场内部来看，就业载体的变化、就业形态的调整、劳动要求的改变会引起就业岗位及需求的变化。创造效应意味着数字经济将创造大量新型的就业岗位，比如芯片产业发展带动了大量高技术人才进入芯片设计、芯片代工、芯片封装等领域；替代效应意味着部分就业岗位将会在数字经济快速发展中逐渐消失，比如“机器换人”使得大量制造车间的流水线工人失去饭碗。创造效应与替代效应对冲形成的最终情形，即数字经济对就业的综合效应，数字经济到底是扩大了就业还是减少了就业，难以一概而论，需要从不同时期、不同群体、不同区域进行结构性分析。

二、数字经济对就业市场变革影响的内在机理

从历次技术变革对就业影响的长周期来看，技术进步对就业的影响是一柄“双刃剑”，数字经济对于就业的综合效应，在不同维度具有显著的结构性差异。

（一）数字经济就业创造效应的内在机理

一是生产率提升引致劳动力需求增加。数字经济发展将会带动整个社会生产率提升，进而通过作用于产出、需求等带动就业。2018 年 2 月，伦敦经济学院经济发展中心对 1993—2007 年 17 个国家的数据研究发现，增加机器人使用会使年度劳动生产率提高 0.36 个百分点。相比之下，1850—1910 年，蒸汽技术对英国年度劳动生产率增长的贡献为 0.35 个百分点。保罗·皮尼（1997）将数字技术进步带来的就业创造效果分为价格效应和收入效应。价格效应是指技术进步提升了劳动力生产效率，致使产品生产成本降低、价格下降，在名义收入不变的情况下，市场会增加对产品的需求，继而带动产业规模扩大、产业工人增加。收入效应是指技术运用带来的产出增加将会提升劳动者的收入，从而激发劳动者的需求，进而刺激企业扩大生产规模与用工规模。普华永道分析认为，人工智能在提升劳动生产率的同时，将对产品价格产生显著影响，提高消费者福利和实际收入水平，从而扩大消费需求；企业为了满足新增需求则需要雇用更多劳动力，从而创造新就业。除降低物价之外，人工智能等新技术还能提升现有产品质量、创造更多新产品，这同样创造了更多就业需求。

二是产业部门创新引致劳动力需求增加。技术进步将通过创造新产品、新机器、新产业部门等促进就业增长。哈里森（2014）等研究发现，产品创新引致新产品需求的增加极大地促进了就业。在由产品创新带来的就业中，至多有 1/3 来自同行的工人转移，最少有 1/3 来自新产品的生产带来的市场扩张。一方面，数字技术的研发管理本身就需要高技能劳动力的大量投入，根据德勤的研究报告，在过去的 35 年里，英格兰和威尔士地区的信息技术管理人员增加了 6.5 倍，编程和软件开发人员增加了近 3 倍。计算机的使用特别是人工智能技术的发展使得市场对高技能劳动力的需求显著增加。另一方面，数字经济与实体经济深度融合，由此诞生的新模式、新业态也创造了大量的新就业岗位。莫雷蒂（2012）指出，2001—2011 年，互联网行业的工作岗位数量增长了 634%，是同一时期其他国家 / 地区经济总体工作岗位数量增长率的 200 倍以上。全球管理咨询公司麦肯锡估计，仅互联网部门就贡献了 2004—2008 年美国经济增长的五分之一。

三是技术扩散的补偿机制引致劳动力需求增加。马克思指出，“虽然机器在应用它的劳动部门必然排挤工人，但是它能引起其他劳动部门就业的增加”。如投资银行高盛集团纽约总部的美国现金股票交易柜台，因自动交易程序对工作的接管，股票交易员由原来的 600 名减少至 2 名，但同时雇用了 200 名计算机工程师。此外，数字经济的融合性特征还能对其他行业起到关联带动作用，美国有研究显示，城市中每增加 1 个高技能岗位，就会带来 5 个消费型服务业岗位，包括技术性职业（如律师、教师、护士）和非技术性职业（如服务员、美发师、木匠）。如苹果公司在库比蒂诺地区拥有 1.2 万名员工，同时也在当地创造了 6 万多个额外服务工作岗位，包括 3.6 万个非技术人员岗位和 2.4 万个技术人员岗位。数字经济就业创造效应示意图见图 4–1。

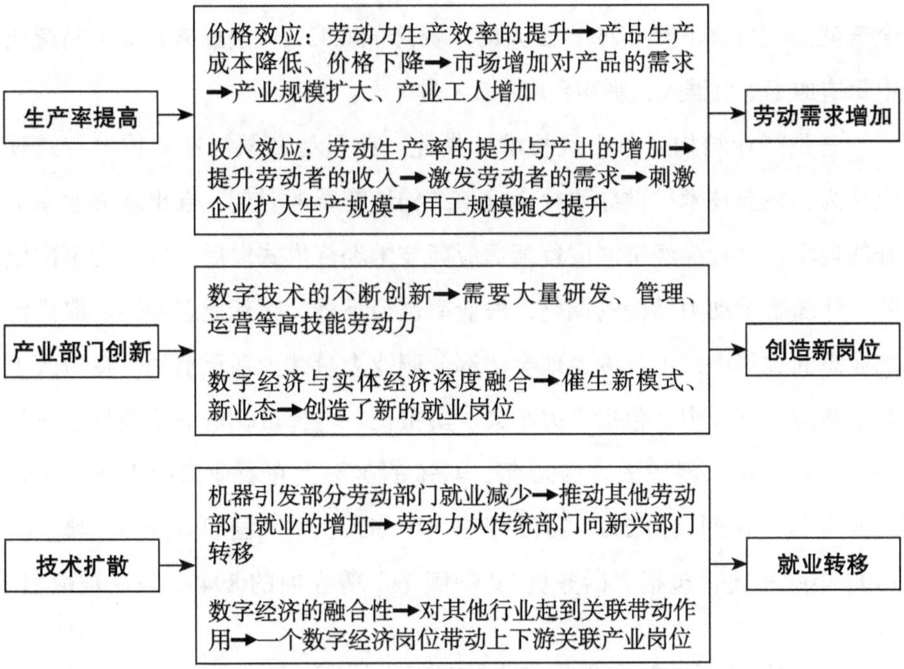

图 4–1　数字经济就业创造效应示意图

（二）数字经济就业替代效应的内在机理

一是生产率提高引致劳动力需求减少。艾金和霍威特（1994）指出，技术进步从两方面对就业产生“创造性破坏”作用：一方面，技术进步降低了当前工作岗位价值、缩短了工作岗位的生命周期，从而可能减少劳动力需求；另一方面，技术进步促进人力资本价格的提升，导致企业利润降低，进而影响企业进入市场以及创造工作岗位的积极性。龚玉泉等（2002）提出，技术进步能够提高劳动生产率，导致单位产品所需的劳动力投入降低，在产出给定的情况下，会减少对劳动力的需求。

二是智能技术创新应用引致“机器换人”。智能化、自动化技术的发展不仅会大幅降低机器设备的价格，使得原本相同的资本投资可以购买更多能够替代人力的设备，而且机器设备效能的提升也会降低对机器管理、运营、维护人员的需求，双重效应导致人工岗位减少。德隆·阿西莫格鲁（2017）等研究发现，1990—2007 年，每千名美国工人中增加 1 个机器人，全美就业人口比下降 0.2%，工人的工资降低 0.42%。这意味着美国制造业中每增加 1 个机器人，平均会取代 3.3 名工人。[①]

三是产业结构变革引致技术性失业。弗里曼和佩雷斯的技术范式理论认为，在新技术扩散导致社会发生结构性变革的时期，会出现失业率上升的现象，当社会经济制度逐渐适应新技术经济模式以后，经济会再次繁荣，伴随着劳动力结构的调整，失业率也会下降。在新业态冲击、取代传统业态的过程中，不可避免地会使部分职业大量减少甚至消失。在历次工业革命演进过程中，包括人力车夫、卖报员、电梯员、电话接线员、底片冲洗工等岗位已经消失。1900 年，41% 的美国人在农业部门工作，而到 2000 年这一比例仅为 2%。2015 年版《中华人民共和国职业分类大典》与 1999 年版相比，包括“话务员”“制版工”等在内的 894 个职业被取消。

---

① 数据来源：《机器人与就业：来自美国劳动力市场的证据》（Robots and Jobs: Evidence from US Labor Markets）。

2022 年版进一步取消或整合部分种别和职业，如取消了电报业务员等职业。数字经济就业替代效应示意见图 4-2。

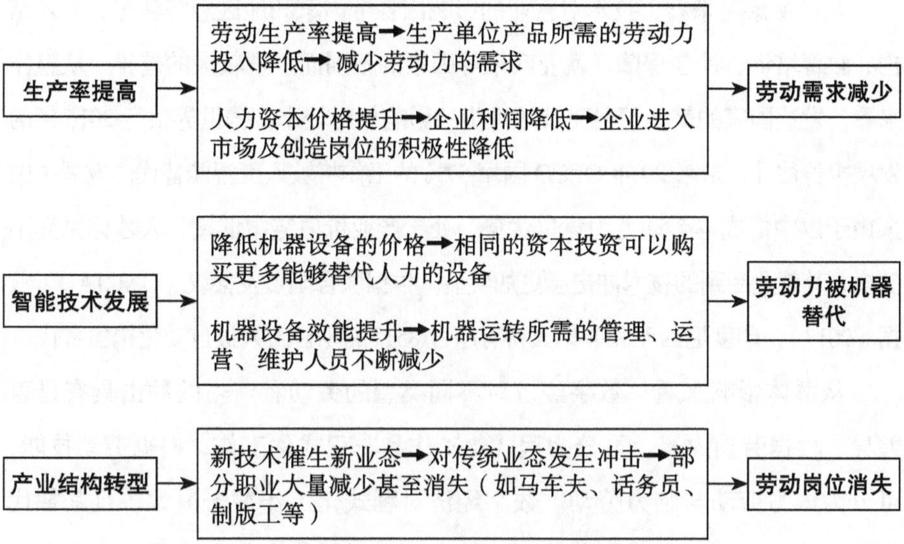

图 4-2　数字经济就业替代效应示意图

（三）数字经济对就业影响的综合效应研究

从长周期来看，技术与产业变革带来的就业创造效应大于替代效应，新技术、新产业的涌现是实现更加充分更高质量就业的根本动力。以第一次工业革命为例，以蒸汽机为动力的发明和广泛应用造成英国大批手工业工人失业，但机械化应用推动了矿山、冶金、化工、石油、运输等新兴产业部门的发展，带来了大量新型就业岗位，提高了全社会的就业量和就业率。不容忽视的是，技术与产业变革对不同时期、不同区域、不同群体的影响具有结构性的差异。

从时序影响来看，根据新古典劳动力需求理论，技术进步对就业的影响主要取决于总需求的技术弹性。短期看，技术进步率对需求的影响可能较小，长期看影响较大。因此，技术进步在短期内可能降低就业，在长期内可能增加就业。数字技术在发展之初可能伴随着阶段性的失业率上升，但随着社会生产规模的不断扩大、生产效率的持续提升、产业门类的日益增多、社会投资和需求不断增大，会创造出更多的工作岗位；加之人力资本的逐渐提升，劳动者的技能与工作岗位的匹配度也会不断提高，劳动者能在长期内实现更加充分更高质量的就业。

从区域影响来看，技术对就业的影响因各个国家和地区经济状况、人才结构、教育培训、社会保障、就业政策等因素的不同而呈现较大的差异。从整体来看，发达国家的就业情况受技术进步的影响相对较小，据世界银行 2016 年的发展报告估计，未来 20 年 OECD 国家 57% 的工作将被人工智能替代。发展中国家由于以中低成本劳动力为竞争优势、处于产业价值链中低端、人才体系尚不健全，其就业受到的技术冲击会更加明显。根据联合国贸发会议（UNCTAD）数据（2017），印度尼西亚和菲律宾将有超过 85% 的零售工人被自动化销售替代。

从群体影响来看，数字经济对不同类型的劳动者产生的冲击具有显著差异。根据劳动内容，可分为程式化工作和非程式化工作；根据劳动技能，可分为体力劳动与脑力劳动。数字经济对程式化工作冲击最大，且其替代作用正从体力劳动向脑力劳动延伸扩大，这对部分白领和蓝领工人会产生较大冲击。根据世界经济论坛发布的《2016 全球人力资本报告》，随着自动化和人工智能的持续渗透，全球对劳动力的需求尤其是对白领和蓝领技工的需求将减少 700 万个工作岗位。

三、数字经济就业创造效应的表征及其制约因素

数字经济作为集聚创新要素最多、应用前景最广、辐射带动作用最强的经济形态，能够有力提高全要素生产率、激发社会创新动能，但释放数字经济创造大规模就业机会的巨大潜力还面临种种现实壁垒。

（一）数字经济就业创造效应的表征

1. 数字经济直接创造新岗位

数字经济发展能有力推动产业结构优化升级、促进新动能发展壮大，

释放出更多新兴岗位，成为我国就业的新增长点。一方面，新技术催生新岗位。随着数字技术的发展，对于软硬件开发、技术架构、实施运维等多种技术密集型岗位的需求不断增长。国家统计局数据显示，我国信息传输、软件和信息技术服务业的岗位数量从 2010 年的 185.8 万增长到 2019 年的 455.3 万，增长 1.45 倍。另一方面，新业态孵化新职业。随着数字化向各个行业的全面渗透，一些新型职业被创造出来，既包括传统职业在数字经济时代的再创新，如无人机驾驶员等，又包括数字经济新业态催生的全新职业，如网约配送员、全媒体运营等。2019 年以来，人力资源和社会保障部先后发布了 4 批共 56 种新职业，大量职业与数字经济相关。

2. 数字经济间接创造新就业

数字经济发展创造出覆盖广泛、开放协同的数字生态，有力带动了产业上下游就业增长。人力资源和社会保障部的数据显示，我国灵活就业从业人员规模已经达到 2 亿人，约有 8 400 万劳动者依托互联网平台就业，约占全国就业人数的 11%。如国内某网约车平台 2018 年共带动就业机会 1 826 万个，其中包括网约车、代驾等直接就业机会 1 194.3 万个，还间接带动了汽车生产、销售、加油及维保等产业链上下游就业机会 631.7 万个。微信平台上，由公众号、小程序、视频号、微信支付、企业微信等共同构成的微信生态，2020 年衍生就业机会 3 684 万个，同比增长 24.4%。

（二）数字经济就业创造效应的制约因素

1. 数字经济时代的劳动制度亟待创新

新就业形态难以简单纳入传统的劳动雇佣关系。现有劳动法是在工业经济的大生产背景下制定的，针对的是科层制的组织用工模式，在平台化、网络化组织大量涌现的数字经济时代表现出了明显的不适应性。以骑手、快递员、网约车司机为代表的新就业形态具有区别于传统雇佣形式的创新特征，在二元分割的法律体系下遇到了身份认定与社会保障的巨大挑战。一方面，这部分灵活从业者具有从业年限拉长、工作时间剧增、经济依赖程度提升、因“平台积分”而受制于平台规则等特点，具有明显的劳动关系特征。另一方面，灵活就业群体又具有能够自主决定是否工作、何时工作以及何地工作，不同于劳动关系下受拘束给付劳务的灵活属性，且存在“多平台同时就业”的情况，与劳动关系并不完全相符，劳动者与企业的关系难以界定。而我国包括劳动基准、社会保险、离职补偿等在内的福利保障都是基于劳动关系之上的，这为新就业形态下的劳动者带来了巨大的不确定性。

新就业形态难以简单纳入既有的劳动保障体系。若简单地将平台企业和新就业形态劳动者等灵活就业人员之间认定为劳动关系，纳入现行劳动保障法律调整范围，将大幅增加平台企业责任与成本，既不利于新经济新业态发展，又不利于吸纳劳动者就业。以社保缴纳为例，若是要求平台企业完全比照劳动关系承担费用，由于平台灵活从业群体规模庞大，这将会形成一笔“天文数字”，为企业带来巨大的财务压力。除经济性考量之外，在正当性层面也有商榷之处。以工伤保险为例，由于劳动者工作时间、工作场所的灵活性特征，工伤保险的主体责任、保障范围边界难以判断，工伤认定将面临种种障碍。强行适用劳动关系为企业带来的负担必将拖累平台经济的发展，这会反过来限制企业用工的积极性，导致缩招、减薪、裁员等情况，向社会输出失业压力。因此，必须加快推进制度创新，在保障劳动者权益、促进新业态发展、扩大就业规模三项重要公共利益之间取得平衡。

2. 新就业形态的劳动者权益保障不足

一是劳动基准缺失，劳动者缺乏加班限制、休息休假、安全卫生的保护。在生存和竞争压力、平台严苛考评体系下，劳动者不得不超负荷工作。就外卖领域而言，39.40% 的骑手每天工作时长超过 12 小时，37.32% 的骑手表示自己每月基本不休息；88.28% 的骑手因为担心订单超时、不能按时送到而选择违反交通安全规则；24.78% 的骑手患有胃病、腰肌劳损、颈椎病等慢性疾病[①]。就快递领域而言，我国快递从业人员每天工作 10 ~ 12 小时的占

① 数据来源：《骑手生存与发展需求报告》。

33.69%，近 20% 的从业人员每天工作 12 小时以上，末端揽投人员每天工作 10 小时以上的比例更高。[①] 就网约车领域而言，大部分网约车司机一周出车 7 天，占比约 74.76%，出车在 5 天以下的司机群体比例不足 10%。[②]

二是新就业形态劳动者参保率偏低。以货运行业为例，仅有 22.5% 的货车司机投保了交通意外险、7.7% 参与医疗保险、7.6% 投保养老保险，参与工伤保险、失业保险的比例更小，还有 20% 的货车司机没有投保或缴纳保险费用[③]。这主要是由于新就业形态劳动者不属于标准化的劳动关系，难以满足现行社会保险体系的参保条件。尽管当前法律为灵活从业群体提供了个人身份参保的通道，但范围有限（往往仅包括养老保险和医疗保险），且存在缴费偏高、户籍限制、申报手续复杂、异地转移接续困难等问题，保障范围和力度明显不足。在工伤保险方面，骑手、快递员等劳动者工作环境复杂、强度大、工伤高发，但缺乏参与社会工伤保险的制度通道，实践中往往以商业保险替代，但存在保障范围窄、理赔难、保障水平低等问题。

3. 数字平台的不规范用工问题突出

一是利用垄断优势盘剥用工。一方面，公平性存疑。部分平台在获得市场优势地位后，调整计价规则等经营策略，设置过高抽成比例，且抽成规则具有任意性、不透明性。这种平台单方制定、与劳动者地位及利益不对等的分配机制违背了公平公开、透明规范的市场准则。另一方面，正当性不足。部分平台在利益最大化导向下实施“最严算法”考核机制，迫使劳动者不断提升劳动强度，甚至引发人身健康风险。如为了缩短时间，外卖平台系统有时会给骑手输出包括逆行、人行道行驶电动车等违反交通规则的指令，导致外卖骑手工伤高发。

二是利用制度空白转嫁风险。由于现有劳动者保障机制是基于传统用工形式下的劳动关系而制定的，出于降低用工成本、规避劳动责任的动机，

① 数据来源：《2019 年全国快递从业人员职业调查报告》。
② 数据来源：《2021 年中国一线城市出行平台调研报告》。
③ 数据来源：《2021 年货车司机从业状况调查报告》。

部分平台会通过用工关系层层转包、将劳动者注册为个体工商户等方式，将本应由平台承担的责任转嫁给劳动者个体与社会。数据显示，外卖平台将骑手配送业务转包至外部公司后，所承担用人单位责任、与骑手认定劳动关系的概率，从 100% 降到了 1% 以内。劳动关系的认定困难将导致劳动者社会保障不足、职业伤害维权困难等诸多问题。

三是资本无序扩张冲击就业。超大平台依靠垄断优势持续跨界扩张，并通过不公平价格、限定交易、差别待遇等不正当竞争行为谋取市场优势地位，大大降低了创业者的市场进入动力，加大了中小企业的社会融资难度，对传统行业从业者产生了较大冲击。尤其是近年来超大平台纷纷进入社区团购等民生领域，以资本优势低价倾销，对线下小商贩、农民等形成巨大冲击，给“稳就业”带来了较大挑战。

四、数字经济就业替代效应的表征及其制约因素

马克思提出，机器不仅仅是工人强有力的竞争对手，而且总是置工人于失业的边缘。在就业创造效应持续释放的同时，数字经济的替代效应也不断深化。这种替代效应既带来了结构性失业的风险，又推动了更高质量的就业转化升级。

（一）数字经济就业替代效应的表征

1.“机器换人”持续深化

出于应对人口老龄化、劳动力成本提升、用工短缺的现实考量，以及智能机器水平不断提高降低人力比较优势的社会背景，越来越多领域运用机器人取代人工劳动力。我国已经连续 8 年成为全球最大的工业机器人消费国，工业机器人应用领域已经覆盖汽车、电子、冶金、轻工、石化、医药等 52 个行业大类、143 个行业中类，服务机器人、特种机器人在仓储物

流、教育娱乐、清洁服务、安防巡检、医疗康复等领域实现了规模化应用，“机器换人”进程也在不断推进。未来随着技术智能化水平的提升，“替代效应”将从低端、体力工作向中高端、智力工作岗位蔓延。

2. 新老业态交替加速岗位淘汰

随着各个行业数字化转型的广度和深度加速拓展，部分劳动密集型行业将会由于产业的创新升级受到严重冲击，继而引发较大规模失业现象。如电子商务行业的发展引发了传统商品交易市场的衰落，传统商品交易市场就业人数占批发零售业就业总人数比重从 2007 年的 33% 逐年下降，到 2018 年已不足 18%。随着智能技术影响的进一步深化与泛化，数字经济对我国居民就业的影响将会持续强化。据麦肯锡预测，到 2030 年，中国将至少有 1.18 亿人被人工智能或机器人替代，另外有 700 万～1 200 万人转换职业。

3. 数字经济加速更高质量的就业转化升级

一是推动向更高技能要求转化。智能技术首先替代的是高重复性、高风险性的工作，能够让人去从事更有创造性、更有价值性的工作。这将会提高劳动者技能和收入水平，进而提升企业高技能劳动力的比例，从而促进社会就业结构优化升级。这对于推动我国产业转型和经济高质量发展具有重要意义，也是应对人口老龄化、低生育率与用工成本攀升等不利影响的关键之举。

二是促进向更高质量岗位转移。数字经济创造了更为多元包容的就业形态，吸纳了大量劳动力的就业转移，成为调剂劳动力市场的重要“蓄水池”，尤其是为社会重点群体的就业创造了更具新兴发展潜力、更高岗位附加值的广阔就业空间。数据显示，国内某网约车平台上 20.4% 的专职司机由于下岗、失业等而从事网约车工作，41.1% 来自制造业，13.6% 来自交通运输业，4.9% 来自钢铁、煤炭等去产能行业。

三是推动向更高收入就业转变。数字经济就业具有明显的薪酬优势。2015—2019 年，数字经济产业的年人均收入分别为 11.20 万元、12.24 万元、13.32 万元、14.76 万元、16.14 万元，非数字经济产业的年人均收入分别为

6.35 万元、6.83 万元、7.44 万元、8.17 万元、8.79 万元（见图 4–3）。数字经济的薪酬优势不仅体现在技能密集型、知识密集型群体之中，而且体现在门槛较低的包容型岗位上。据美团数据显示，平台骑手中 45.7% 的骑手月收入为 4 000 ~ 8 000 元，7.7% 的骑手月收入超过 1 万元。而国家统计局数据显示，2020 年农民工月均收入水平仅为 4 072 元。

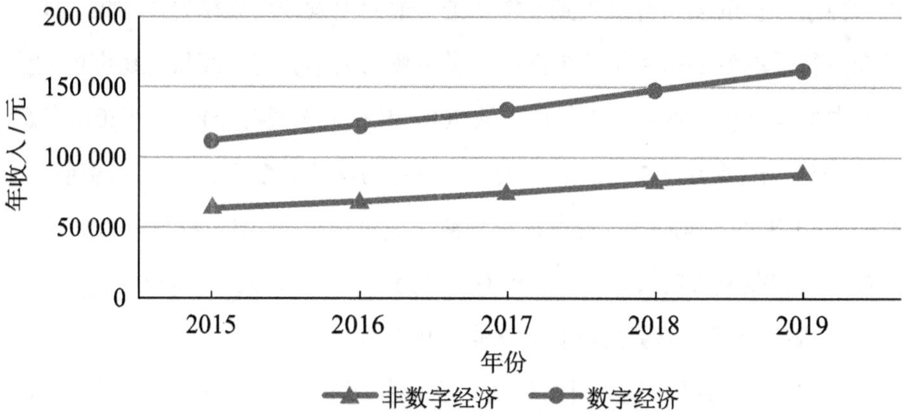

图 4–3　2015—2019 年全国非私营单位非数字经济与数字经济收入水平对比

数据来源：相关年份《中国人口和就业统计年鉴》。

（二）数字经济就业替代效应的问题透视

1. 就业替代引发的结构性失业风险急需关注

一方面，数字经济虽然带来了生产力与经济总量的快速提升，但劳动者不能在短时间内提升收入甚至可能失业，出现“恩格斯停顿”效应，自动化投资的回报率往往需要经历较长时间才能以更高的工资和更为优越的工作环境回报给当代劳动者。另一方面，尽管数字经济能够创造更多的就业岗位，但劳动力的转岗再就业不可能无缝衔接，被替代群体很可能并不能胜任新创造岗位。就我国而言，当前劳动力人口结构明显不适配数字经济发展需要。我国就业群体受教育程度整体偏低且老龄化程度持续加大，与市场需求并不吻合。据国家统计局数据显示，在我国就业人员受教育程度构成之中，占比最高的是初中文化程度人员（超过 40%），大学专科、本科、研究生人员比例加总后仅为约 20%，反观英、美等发达国家，高等教育劳动人口比例往往能达到 30% ~ 40%。不仅如此，我国老龄化程度在持续加深。根据第七次人口普查数据，15 ~ 59 岁人口比重比 2010 年下降 6.79 个百分点，下降至 63.35%，60 岁及以上人口比重上升 5.44 个百分点，达到 18.70%。

结构性失业风险的加大不仅会加剧劳动者的生存压力，而且会给社会管理带来巨大挑战。如工业革命时期英国掀起的以“捣毁机器，抵制新技术”为诉求的卢德运动，就是因为机器生产逐渐排斥手工劳动使大批手工业者破产，致使工人失业、工资下跌，工人将机器视为贫困的根源，由此引发集体行动、影响了社会秩序。这要求政府不仅应投入相当的社会成本来进行人力技能和素质教育，为低收入群体提供基本的生活保障，而且要加强社会稳定性的管理。

2. 就业替代风险的根源是就业市场供需不匹配

就业创造与就业替代是经济社会发展的必然规律，应当顺势而为，其关键在于新兴的岗位能否吸引足够适配的人才，被替代的劳动者自身能否适应新兴岗位。数字经济具有显著的“知识经济”特征，这对劳动力素质提出了更高要求。现有劳动力市场的供给与需求并不完全相配，既加剧了就业替代效应的可能，又制约了数字经济的高质量发展，从而对稳就业带来了不利影响。

就我国而言，由于教育体系仍然具有浓厚的工业时代特点，无论是教育体系、学科设置，还是课程内容、教学方式方面都较为落后，不能适应数字经济发展所急需的高技术型、跨学科型、复合型人才培养需要。2020 年数字化人才缺口接近 1 100 万人，无论是高素质数字人才，还是技能型数字工人都普遍短缺。据相关统计显示，目前我国人工智能人才缺口达 30 万人。集成电路行业 2023 年前后全行业人才需求将达到 76.65 万人左右，或存在 20 多万人的缺口。相较于发达国家，我国数字人才短板明显。根据《全球数字经济竞争力发展报告（2020）》，全球 30 个主要城市中，北京竞争力排名第八，是中国唯一进入前十的城市，但是北京数字人才竞争力仅排在第 23 位（得分 48.22，是纽约的 71%）。实现更加充分更高质量就业需要推动形成劳动力市场更高水平的供需动态平衡，在多措并举创造更多高质量就业岗位的同时，必须着力解决持续凸显的结构性就业矛盾。

五、加快优化数字经济就业创造效应与替代效应的政策设计

我国经济发展面临需求收缩、供给冲击、预期转弱三重压力，就业形势十分严峻。就业作为“六稳、六保”之首，对经济社会发展的重要性不言而喻，未来必须在推动高质量发展中强化就业优先导向，加快释放数字经济就业的巨大潜力，充分激活创造效应、防范化解替代冲击，实现更加充分更高质量就业。

（一）破除就业壁垒，充分激活数字经济的就业创造效应

数字经济的就业创造效应潜力巨大，要创造更优的发展环境，加强政府、企业、社会多方协同，以数字经济的高质量发展带动高质量就业，以高质量就业支撑高质量发展。

1. 建立符合数字经济规律的就业政策体系

第一，推动劳动立法创新。一是对标国际、突破创新，借鉴英国、德国、加拿大等国家的立法思路，突破传统“劳动二分法”立法思路，基于经济从属性认定，探索完善“第三类劳动者”的身份认定机制，将灵活就业者与平台之间的关系纳入立法体系中，为保护灵活就业者提供基本依据。为了避免倾斜保护“一刀切”的问题，应从灵活从业者之于平台的从属性、持续性、协同性等方面对劳动者及保护程度进行分类。二是宽严并济、有紧有松，切实加强对劳动者公平就业、最低工资、最长工时、安全与卫生、

隐私和个人数据等方面的保护，在标准工时、社会保险缴费比例、解雇保护等方面探索更为弹性灵活的管理方式。

第二，扩大社会保险覆盖范围。一是急用先行、重点突破。以社会各界关注度较高、灵活从业群体需求急迫的工伤保障为切入口，建立用工单位缴纳和政府补贴相结合的新型职业伤害保险，参照工伤保险以支定收的原则，实行独立核算，不与劳动关系挂钩，在涉及面广、风险较大的出行、外卖、即时配送、同城货运等领域优先推进。二是分级分类、精准施策。根据用工平台类型、用工特点等确定平台企业的责任份额，如在职业伤害保障机制中，对于外卖、网约车、代驾等风险更高、平台与劳动者联结程度更为紧密的领域，要求平台承担主要缴费责任，而对于家政服务等平台仅发挥信息提供作用、不直接参与交易的领域，由灵活从业者承担主要缴费责任。

2. 建立多元协同的劳动者保障机制

第一，积极吸纳新职业从业者加入各级工会组织。突破以工资收入为主要生活来源或者与用人单位建立劳动关系的限制，充分吸纳灵活从业者等新就业劳动者加入工会组织。集中推动重点行业依法普遍建立工会组织，积极探索适应货车司机、网约车司机、快递员、外卖配送员等不同职业特点的建会入会方式。通过单独建会、联合建会、行业建会、区域建会等多种方式扩大工会组织覆盖面，最大限度吸引新就业形态劳动者加入工会。紧扣新就业形态劳动者依托互联网平台开展工作的特点，大力推行网上入会方式，创新服务内容和服务模式。

第二，推动建立新职业从业者集体协商机制。鼓励不同数字平台企业选出新职业从业者职工代表，与工会、行业协会、头部企业或企业代表组织就行业计件单价、订单分配、抽成比例、劳动定额、报酬支付办法、进入退出平台规则、工作时间、休息休假、劳动保护、奖惩制度等开展协商，签订行业集体合同或协议，推动制定行业劳动标准，不断提高新就业形态劳动者权益保障的刚性和水平。行业协会应对本行业服务质量、竞争手段、技术标准、工资指导等问题进行严格监督，维护行业信誉，鼓励公平竞争，打击违规行为，保障从业者收入水平。

第三，健全法律援助和争议调解处置机制。加强各级法院和劳动争议调解仲裁机构对于新就业形态劳动争议的办案指导，畅通裁审衔接，根据用工事实认定企业和劳动者的关系。发挥各类法律援助机构、调解组织及其他专业社会组织的作用，向新就业形态劳动者提供法律咨询、法律援助、纠纷调解等服务。探索将互联网平台的灵活就业问题纳入公益诉讼制度，采取国家诉讼和私人诉讼并行的双重机制。

3. 充分发挥数字经济平台的就业创造效应

第一，规范平台灵活用工机制。加快修订完善相关法律法规，明确无论平台与劳动者之间是否属于劳动关系，平台均有劳动者权益保障责任。压实平台对外包公司等合作用工单位的审核、监督、管理责任，劳动者权益受到损害的，平台应承担其过错范围内的相应责任。加强劳动监察，将落实新就业形态劳动者权益保障情况纳入行业诚信体系建设范畴。组织开展数字经济平台的劳动者权益保障满意度调查并定期发布。

第二，健全平台收入分配机制。要求平台建立与工作任务、劳动强度相匹配的收入分配机制，确保向正常劳动从业者提供的报酬不低于当地最低工资标准。引导建立劳动报酬合理增长机制，推进带薪休假制度，保障劳动者休息休假权利。完善平台订单分派与考核机制，遏制“以罚代管”，实行“算法取中”，加强对于平台在进入退出、订单分配、计件单价、抽成比例、报酬支付、工作时间、奖惩、职业安全等方面的算法审计，建立算法投诉审评机制。

第三，落实平台社会保险责任。督促企业依法与劳动者签订劳动合同并缴纳社会保险费，依法规范使用劳务派遣。推动企业引导劳动者参加社会保险，积极参加国家新型职业伤害保障试点。鼓励并支持平台为灵活就业群体设计灵活化、个性化的商业保险，对以商业保险方式为新就业形态和灵活就业人群提供多层次保障的平台企业予以合理支持。

第四，深入推进平台反垄断。突出竞争政策基础地位，强化“两个毫不动摇”“三个没有变”的市场预期管理，健全市场准入制度、公平竞争审查制度、公平竞争监管制度，建立事前事中事后全链条监管体系。加强对平台经济领域的IPO融资和增发、可转债、并购重组等再融资行为的监管，纠正平台不顾成本约束抢占市场、以补贴等不正当竞争方式压低行业边际价格的行为。推动行业自律机制的建立，以整体自律氛围引导企业走出无序扩张的怪圈。

（二）加强风险应对，防范化解数字经济的就业替代冲击

缓解数字经济的就业替代效应，一方面，应加强劳动市场的供需匹配，促进劳动者转岗再就业；另一方面，应优化劳动力供给，增强与数字经济发展的适配性。

1. 打造供需匹配效率更高的劳动力市场

第一，强化就业供需匹配。加强就业形势统计分析及动态监测体系建设，强化对劳动用工和失业的风险预警。探索建立全国统一的监测调度平台，打通省际劳务协作渠道，实现对劳动力资源的精准及时调配。充分发挥“互联网 +”就业服务作用，强化劳动力市场的供需对接。

第二，加强失业或面临失业风险劳动者的技能培训。鼓励和支持大型企业通过“干中学”、转岗再就业等方式内部消化“机器换人”问题，引导失业工人通过社会培训进入数据采集、内容审核、云客服等就业门槛较低的数字经济岗位。

第三，推动产业转型升级与劳动力技能结构适配互促。推进农业全产业链延伸和升级，开展高素质农民培育和家庭农场培育行动，在乡村振兴中带领农民共同致富。促进传统制造业数智化转型，加快智能制造人才培养，在提升国际竞争力中打造制造业就业新增长点。加快构建现代服务业体系，支持新业态新模式健康发展，鼓励发展新个体经济，在高品质和多样化升级中进一步强化服务业就业吸纳潜力。

2. 推动劳动者技能结构数字化升级

第一，深化高等教育改革。突破工业时代界限分明、相对孤立的学科分类体系，以推动数字经济创新的科学研究和人才培养为导向，构建跨领域、跨学科、跨平台的学科格局；促进计算机科学、数据分析与其他学科的交叉融合，扩大大数据、云计算、人工智能、物联网、区块链等数字人才培养规模；建立专业退出机制，加强对高校专业课程的动态评估，及时停招、缩招不适应技术和经济发展要求的专业。

第二，推动职业教育创新。深化产教融合、校企合作，引导行业企业同步制定与产业发展规划配套的人力资源开发方案，并与职业院校相对接，提升院校布局、专业安排与产业发展的契合度。依托数字平台建立线上线下课时衔接、直播点播课程互补、知识技能跨界学习的灵活培训模式，针对不同工作类型设置职业技能、创业指导、法律知识、职业道德、安全生产和职业卫生教育等培训内容，对开展灵活从业者职业培训的平台企业给予一定职业培训补贴。

第三，建立终身教育体系。打造面向公众的智能化终身学习公共服务平台，开发“数字通识课程”，提供大规模、个性化定制学习服务。探索建立终身学习学分银行，提供学习成果积累与转化服务，以全民数字素养的有效提升支撑数字经济的高质量发展。

第五章

加快推进企业数字化转型

一、筑牢中小微企业数字化转型的全生态支持

从我国国民经济整体上看，中小微企业贡献了全国80%的就业，60%以上的GDP和50%以上的税收，中小微企业在国民经济发展中具有举足轻重的作用。但是广大中小微企业普遍抗风险能力差，尤其在疫情影响下，很多中小微企业受到致命的打击。支持中小微企业，就是保就业，就是保稳定。从现实情况看，中小微企业更多的是应该依靠自身努力化解疫情危机，其中比较现实的解决之道就是顺应数字化潮流、推进数字化转型，实现生产经营模式优化升级和高质量发展。

国家发展改革委2020年5月牵头制定发布的《数字化转型伙伴行动倡议》（以下简称《伙伴行动》），就是针对疫情情况下广大中小微企业纾困脱困的现实需求，以搭建"政府引导—平台赋能—龙头引领—机构支撑—多元服务"联合推进机制为核心，创新性地构建起政府和社会各界联手开展数字化转型精准帮扶的生态体系，助力中小微企业化危为机，在数字化转型和高质量发展之路上爬坡过坎、脱胎换骨、化茧为蝶。

（一）《伙伴行动》聚焦解决短板梗阻和瓶颈制约

企业数字化转型本质上是利用新一代数字化、网络化、智能化技术对企业实现更深层次的再造，是脱胎换骨式的自我革新，与传统的企业信息化相比，任务更重，难度更大，挑战更高。推进企业数字化转型，需要实现三个根本性转变。一是从"技术应用"向"数字重构"转变。企业信息化主要是解决"管理"问题，是对既定的生产方式、业务流程、管理架构进行替代应用和"优化"；而数字化转型则是解决"业务"问题，是利用数字对传统业务、管理、商业和服务模式进行"重构"。二是从"提升效率"向"提升价值"转变。企业信息化是流程驱动，主要解决的是传统管理的效率

不足，而数字化转型则是数据驱动，利用数据发现价值、提升认知能力、拓展对产业变革洞见能力。三是从“系统思维”向“数据思维”转变。企业信息化专注于现有体系、制度和流程的建设与应用，需要的数据是根据预先设定要求生成的，而数字化转型则聚焦商业模式和平台运营，需要的数据是核心生产要素，具有原生态、自然流动的属性。

疫情期间，不少企业转战互联网探索数字化转型，智能机器人、远程办公、直播电商、无接触贷款、在线销售、在线培训、在线服务等成为更多企业的新选择，但由于数字化转型技术挑战大、业务再造难、转换成本高、短期收益低、试错风险大，企业普遍“不想转”“不敢转”“不会转”，严重缺乏数字化转型的内生动力，广大中小微企业普遍面临“转型是找死，不转型是等死”的两难困境。相关研究显示，我国企业数字化转型比例约25%，远低于欧洲的46%和美国的54%。我国有超过55%的企业尚未完成基础设备数字化改造，我国制造业企业生产设备数字化率不到50%，应用信息技术实现业务集成比例不足20%。

《伙伴行动》瞄准企业信息化转型中存在的基础差、门槛高“能力两难”造成的“不会转”，成本高、贷款难“资金两难”造成的“没钱转”，周期长、协同差“效益两难”造成的“不敢转”这些难点、痛点、堵点，坚持需求牵引，问题导向，目标驱动，构建多方联合推进机制，在更大范围、更深程度上推行普惠性“上云用数赋智”服务，着力打造政府和社会各界联手开展数字化转型精准帮扶的生态服务体系，破除企业数字化转型的短板梗阻和瓶颈制约，建立企业数字化转型可持续发展的内生动力机制，推动企业数字化转型从被动的“让我转”向主动的“我要转”转变，为广大中小微企业在后疫情时代脱困蜕变、化茧成蝶提供精准的帮扶手段和创新的保障生态。

（二）《伙伴行动》着力联合构建全生态支持体系

推进企业数字化转型，需要以数据生产要素链接行业的五脏六腑，打通企业的奇经八脉，让整个链条数据流通起来，将人流、物流、信息流、资金流转化为数据流、价值流，实现要素设施共享、企业互联融通、开放协同创新、资源优化配置和价值快速生成，让数据在与传统产业的碰撞融合中实现价值增量，从而构建全新的产业组织方式，培育经济发展新动能。

《伙伴行动》构建了以“共性方案＋开放资源＋产品服务”三位一体、“生产服务＋商业模式＋金融服务”跨界融合的企业数字化转型生态支持体系，为广大中小微企业提供普适化、优质化、专业化的数字化转型服务。《伙伴行动》的主要内容包括以下四个方面。

一是“出思路”，合力提供企业数字化转型的共性方案。针对传统企业数字化转型面临的共性关键问题，研发有针对性的解决方案，通过物联网、云计算、大数据、人工智能、5G、区块链等数字技术集成应用和突破创新，解决企业数字化转型中面临的数据挑战、应用场景挑战和系统挑战。加大对共性开发平台、开源社区、共性解决方案、基础软硬件支持力度，鼓励相关代码、标准、平台开源发展。

二是“供资源”，合力提供企业数字化转型的开放资源。针对中小微企业数字化转型所需的资源，引导平台企业、行业龙头企业整合开放资源，共建数字化技术及解决方案社区，利用共享经济、平台经济等开放模式，推进研发设计、产品开发、制造、物流配送等生产经营资源，以及建模、实验验证、模型仿真、软件源代码等技术和设备资源的高效利用和价值共享，鼓励平台企业创新“轻量应用”“微服务”，对中小微企业开展低成本、低门槛、快部署服务。

三是“做服务”，合力提供企业数字化转型的产品服务。面向传统中小微企业的数字化转型需求，通过建设数字化转型促进中心和开源社区，提供数字化转型所需的转型咨询、人才培训、技术输出、成果转化、协同创新等一体化、全链条公共服务。通过打造跨越物理边界的“虚拟产业园”和“虚拟产业集群”，促进产业链向更高层次跃升。

四是“建生态”，合力提供企业数字化转型的生态体系。构建“中央部委—地方政府—平台企业—行业龙头企业—行业协会—服务机构—中小微企业”为主体、“生产服务 + 商业模式 + 金融服务”相结合的跨界融合的数字化生态支持体系。推动平台间数据和服务的互联互通，以优质、专业的服务吸引用户、扩展市场，杜绝破坏市场秩序的恶意竞争行为，营造公平、健康、持续的良性竞争机制。

二、精准施策助力企业数字化转型“爬坡过坎”

2020 年 4 月，国家发展改革委、中央网信办联合印发《关于推进“上云用数赋智”行动 培育新经济发展实施方案》（以下简称《实施方案》），针对新冠肺炎疫情以来我国数字经济发展面临的新形势、新要求、新机遇、新挑战，聚焦广大中小微企业如何脱困蜕变的难点痛点，以企业数字化转型为主线，以“上云用数赋智”为重点突破口，精确发力，精准施策，对于深入实施数字经济战略、加快数字产业化和产业数字化步伐、实现经济高质量发展具有重要的现实意义和深远的战略意义。

（一）《实施方案》突出以企业数字化转型为主线

数字经济是继农业经济、工业经济之后更高级的经济阶段，它以数字化的信息和知识作为关键生产要素，以现代信息网络为主要载体，以信息通信技术融合应用、全要素数字化转型为重要推动力，促进包容、创新、高效和可持续发展的新经济形态。数字经济是建设现代化经济体系的主要形态、引领高质量发展的主要动力、深化供给侧结构性改革的主要阵地，已成为增强我国综合国力和国际竞争力的经济“主引擎”之一。

放眼全球，当前我国数字经济发展的机遇和挑战前所未有。新冠肺炎疫情是对传统生产生活方式的一次大考验，人员隔离和限制流动的严苛现实要求，在暴露线下经济脆弱性的同时，也凸显了数字经济减少物理空间依赖的天生基因和韧性优势，开辟了人类线上生产生活新空间。加快发展数字经济，有利于减少对线下场景的过度依赖，将人类生产经营活动的发展空间与市场空间从实体物理空间延伸拓展到虚拟网络空间，打破生产经营、生活体验、应急防控的时空局限，构建将线上与线下、制造与服务、数据与价值、场景与内容相结合的数字经济新模式、新业态，开创人类社会更广袤的生存发展疆域与市场经济空间。大力发展数字经济，推动互联网、云计算、大数据、人工智能同实体经济深度融合，充分发挥数字对经济发展的放大、叠加、倍增作用，培育经济增长新动能，已成为所有企业纾困当下、筑基长远的必由之路，也是保障我国经济发展引擎不降速、不失力、不偏航的战略抉择。

传统企业数字化转型的主要路径与核心特征是：从产品形态看，核心是从物理设备到数据算法；从产品功能看，核心是从自动控制到智慧感知；从价值再造看，核心是从技术创新到模式创新；从价值提供看，核心是从单一产品到全程服务；从服务重心看，核心是从前端前台到云端云台；从发展段位看，核心是从生产方式到生活方式；从外部关系看，核心是从单向传导到生态闭环；从经营场景看，核心是从封闭运行到开放运营；从经营业态看，核心是从单点突破到跨界融合。

（二）《实施方案》以数据生产要素为核心构建产业价值网络和发展生态

2020年4月，《中共中央 国务院关于构建更加完善的要素市场化配置体制机制的意见》公布。这是落实党的十九大和十九届四中全会精神的一项重大改革部署，也是新时代推进经济体制改革的又一具有标志性意义的重要成果。根据生产要素的重要性和时代性，意见明确要素的范畴为土地、劳动力、资本、技术、数据。这是中央文件第一次正式将数据作为一种新型生产要素，与土地、劳动力、资本、技术等传统生产要素相提并论，而且强调要充分发挥数据对其他要素效率的倍增作用，培育发展数据要素市场，使大数据成为推动经济高质量发展的新动能。数据生产要素属性的提升，关系经济增长长期动力，关系国家发展未来，具有重要而深远的意义。

《实施方案》全面体现了以数据生产要素为核心，以数据流引领物资流、人才流、技术流、资金流，形成产业链上下游和跨行业融合的数字化生态体系，构建“设备数字化—生产线数字化—车间数字化—工厂数字化—企业数字化—产业链数字化—数字化生态”的体系化数据融合范式，打造“数字化企业—数字化产业链—数字化生态”三位一体、递阶演进的产业价值网，构建“生产服务 + 商业模式 + 金融服务”数字化生态，将各类信息、流量上升到数据资产的高度，进而借助线上与线下、软件与硬件、制造与服务、产品与服务、流量与数据、场景与内容相结合，充分把条块分割的、泾渭分明的技术张力、企业边界、商业疆域、产业界限予以贯通，形成产业跨界融合、企业互联融通、商业结构再造、技术集成应用的发展态势。只有产业跨界融合、企业互联融通、商业结构再造、技术集成应用才能衍生出全新的产业、业态、商业模式、产品技术，才能实现产业结构升级优化与业态创新，推动工业经济的产业价值链向数字经济的产业价值网的嬗变，推进从产业模块化发展到产业生态化发展的转型，实现产业经济从线性增长到指数增长、爆发增长的升级。《实施意见》以发挥和释放数据的红利价值为核心手段，推动产业发展从块状经济、产业集群走向产业生态，推进产业创新从创新体系、创新网络走向创新生态，不仅要将以往产业链、创新链、资本链、数据链、供应链从串联创新转向并联创新，而且要将人流、物流、信息流、资金流转化为数据流、价值流，最终实现要素设施共享、企业互联融通、开放协同创新、资源优化配置和产业快速生成，构建全新的产业组织方式，培育数字经济新动能。

（三）《实施方案》以打通“七链”为主线补齐短板精准施策

《实施方案》着眼补短板、强弱项、固根基，以打通“技术链、供应链、生态链、服务链、资金链、政策链、人才链”七链为主线，提出了一系列贴地皮、接地气、可操作的发展政策和推进举措。

一是打通“技术链”。《实施方案》强调加快数字化转型共性技术、关键技术研发应用。

二是打通“供应链”。《实施方案》强调协同推进供应链要素数据化和数据要素供应链化，支持打造“研发+生产+供应链”的数字化产业链，支持产业以数字供应链打造生态圈。

三是打通“生态链”。《实施方案》鼓励传统企业与互联网平台企业、行业性平台企业、金融机构等开展联合创新，共享技术、通用性资产、数据、人才、市场、渠道、设施、中台等资源，加快数字化转型与业务流程重塑、组织结构优化、商业模式变革有机结合，构建“生产服务+商业模式+金融服务”跨界融合的数字化生态。

四是打通“服务链”。《实施方案》鼓励培育企业技术中心、产业创新中心和创新服务综合体，鼓励各类平台、开源社区、第三方机构面向广大中小微企业提供数字化转型所需的开发工具及公共性服务，引导平台企业、行业龙头企业构建产业互联网平台。

五是打通“资金链”。《实施方案》提出扶持普惠性“上云用数赋智”服务，以专项资金、金融扶持形式鼓励平台为中小微企业提供云计算、大数据、人工智能等技术，以及虚拟数字化生产资料等服务。对于获得国家政策支持的试点平台、服务机构、示范项目等，原则上应面向中小微企业提供至少一年期的减免费服务。对于获得地方政策支持的，应参照提出服务减免措施。探索“云量贷”服务，探索根据云服务使用量、智能化设备和数字化改造的投入，认定为可抵押资产和研发投入，对经营稳定、信誉良好的中小微企业提供低息或贴息贷款，鼓励探索税收减免和返还措施。鼓励发展供应链金融，创新面向上下游企业的信用贷款、融资租赁、质押担保、“上云”保险等金融服务。

六是打通“政策链”。《实施方案》提出组织数字经济新业态发展政策试点，以国家数字经济创新发展试验区为载体，在卫生健康领域探索推进互联网医疗医保首诊制和预约分诊制，开展互联网医疗的医保结算、支付标准、药品网售、分级诊疗、远程会诊、多点执业、家庭医生、线上生态圈接诊等改革试点；在教育领域推进在线教育政策试点。大力发展共享经济、数字贸易、零工经济，支持新零售、在线消费、无接触配送、互联网医疗、线上教育、一站式出行、共享员工、远程办公、“宅经济”等新业态，疏通政策障碍和难点堵点。鼓励发展共享员工等灵活就业新模式。

七是打通“人才链”。《实施方案》提出拓展数字化转型多层次人才和专业型技能培训服务。以政府购买服务、专项补助等方式，鼓励平台面向中小微企业和灵活就业者提供免费或优惠服务，通过实施灵活就业激励计划，面向自由设计师、网约车司机、自由行管家、外卖骑手、线上红娘、线上健身教练、自由摄影师、内容创作者等各类灵活就业者，提供职业培训，实现数字经济时代的人尽其才。

数字决定命运，数字引领未来。《实施方案》必将强力推进我国企业数字化转型进程，有效促进我国企业高质量发展，加速构建现代化产业体系，推动我国数字经济迈上新台阶，为后疫情时代的中国经济增添新的发展引擎和发展动力。

第六章

“互联网+”引领现代农业发展

一、“互联网+”引领千年农耕的发展风口

“恶金以铸锄、夷、斤，试诸壤土”，当锄、镰、犁等铁制农具在春秋战国时期广泛应用于田间地头时，生产工具的重大变革推动了千年农耕第一次质的飞跃。随着耕地机、播种机、收割机等机器作业的大规模应用，机器动力取代手工工具、畜力农具推动了千年农耕的第二次飞跃。目前，席卷各个传统行业的“互联网+”也让几千年的传统农业站在了前所未有的“风口”，以物联网、大数据、移动互联网等为代表的信息技术开始深入渗透到农业生产经营与管理服务的各个领域。大风起于青萍之末，农产品电子商务星火燎原、农业物联网走到田间地头、信息服务开始进村入户，无不昭示着“互联网+农业”真的来了。

然而当“互联网+农业”的风吹来时，人们往往容易认知不全面。正如盲人摸象，有的人摸到了农产品增产不增收的问题，因此认为“互联网+农业”是通过电子商务帮助农民兄弟把多收的三五斗粮卖到千家万户；有的人摸到了农产品的农药残留等质量安全问题，因此认为“互联网+农业”是通过信息化手段帮助手提菜篮子的消费者实现农产品质量识别与溯源；有的人还摸到了传统农业靠天气吃饭、靠经验种地的弊端，因此认为“互联网+农业”是通过传感器、软件系统来实现农业生产精准控制；此外，有人摸到了农业产业链的滞后性，有人摸到了传统农业基础设施的薄弱性，有人还摸到了千年农夫作为现代产业工人的不成熟，总之不同的人摸到了“互联网+农业”这头大象的不同部分。

（一）全面认识“互联网+农业”

一是要放在千年农耕发展的历史视角看，在传统农业生产模式根深蒂固、农业机械化尚不发达的基础上，“互联网+农业”是我国千年农耕迎来

第三次飞跃的重大机遇，与日韩一体化农业协会模式、欧美大规模农业企业模式不同，“互联网＋农业”可能走出发展中大国从一家一户的传统农业迈向现代农业的第三条道路。二是要放在传统农业走向现代化的转型视角看，正确认识“互联网＋农业”。要摒弃“1 个沙发加 4 个轮子就是汽车”的简单化思维，“互联网＋农业”不是互联网与农业的简单拼装，不是互联网在农业生产经营的某一领域某一环节的应用，而是在以互联网为基础的万物互联条件下，利用信息技术与农业生产经营管理服务的全面深度融合，是在全新的农业基础设施、生产经营体系、产业组织结构基础上重构共享协同的农业生态体系。

当“互联网＋”植入传统农业的肌体，千年农耕将发生根本性的变革。继铁器农具、机器动力之后，与“互联网＋”相关的系统平台、智能硬件等成为主导农业生产经营的主要生产工具，继畜力、石油之后，与“互联网＋”相关的数据、算法成为驱动农业生产经营的主要动力源泉，继水土、动植物资源之后，万物互联产生的农情墒情等海量信息成为农业生产经营中最活跃的要素之一，“互联网＋农业”将推动千年农耕生产向精准化、网络化、个性化转变，对农业综合生产能力的评价也从传统的增产量进一步向多样性、高质量拓展，“互联网＋”对农业生产力的重大影响体现为插上互联网翅膀的千年农耕不仅要让城乡居民吃得饱，更要吃得好、吃得放心，始终把粮袋子、菜篮子紧紧地抓在自己的手里。

从发达国家的经验来看，为了避免在工业化过程中落入李嘉图陷阱，农业部门需要用更少的人力投入、以更低的生产成本生产更多的农产品，其生产特点是规模化、标准化与工厂化。作为转型中的我国传统农业而言，一只脚踏入工业社会的千年农耕，是绝大部分的锄头生产加少量农机作业的混搭，是绝大多数的兼业农户加少量农业企业的混搭，是主要用农业社会的生产技术、组织方式来勒紧腰带勉力解决工业化过程中十几亿人的吃饭问题。进入工业化中后期，围绕农业部门的供给与需求正在悄然发生改变，物联网、大数据、云计算、移动互联网等信息技术为农业生产过程的精准控制与因品因量的按需生产提供了可能。与此同时，人们不再满足于馒头米饭填饱肚子，更追求各种不同口味与功能的五谷杂粮，对农业部门的个性产品需求、快速响应要求日益突出。“互联网 + 农业”能够适应农业生产技术与市场需求的变化，把时空零散的供求资源整合到万物互联的分工、共享、协同的大平台上，它的一边是专门种彩色番茄、养黑土猪的分散的家庭农场，年轻的家庭农场主在手机上接受番茄在线预定；另一边是分散在各个网络终端的个性化需求，千千万万的专业化家庭农场与个性化消费需求通过连接一切的网络平台实现对接。

（二）“互联网 +”推动农业发生巨大变革

正如机器作业的引入，大型农场、农业企业逐步替代小农家庭，适应了大规模生产低成本、标准化食物的需要。“互联网 +”拥抱农业将推动农业生产经营组织形态的巨大变革。一是基于空间集聚的农业产业集群将逐步弱化，不同涉农经济组织将在网络空间形成虚拟农业产业集群，集成农资供应、统防统治、代耕代收、农产品加工、包装设计、仓储物流、广告策划、批发零售等农业生产经营各个环节的服务，接入某虚拟农业产业集群将取代进驻某农业产业园区成为抱团取暖的新选择。二是由大型农业企业主导的农业产业链将逐步弱化，与传统小农家庭只能被动纳入由大型农业企业主导的产业链不同，“互联网 + 农业”为未来专而精的家庭农场提供了前所未有的发展空间，家庭农场通过网络平台不仅可以一键对接耕种收等各种农业社会化服务，还能够进一步跨地域整合农产品加工、销售、旅游、服务等资源，在六次产业[①]发展中分得一杯羹。与传统小农家庭与大型农业企业相比，专而精的家庭农场更加适应定制化生产的需要，通过接入网络平台与其他涉农经济组织开展高频次的协同合作，形成一个个具有

① 六次产业是农村一二三产业融合发展的形象说法，因“1+2+3”等于 6，“1×2×3”也等于 6，因此国内外学者把农村一二三产业融合发展称为六次产业。

鲜明去中心化特征的虚拟组织。三是基于所有权控制的农业生产资料排他性使用逐步弱化，无论是传统社会的农村土地，还是工业时代的农业资本，生产资料的排他性使用导致了小而散的农民无力全面使用舒尔茨意义的现代生产要素。团购、众筹、众包等“互联网 +”的风为传统农业吹来了“分享经济”的新思维。在“互联网 + 农业”时代，出现了淘宝的“聚土地”，也出现了联想的“云农场”，更为重要的是网络平台为无数个体的家庭农场能够共享使用各类大型专业设备、公共设施、公共服务提供了可能，毕竟家家有收割机、户户建仓储库不但不现实，更是浪费。从某种意义上讲，“互联网 + 农业”为在统分结合的双层经营制度下补强“统”的内容、完善“统”的机制提供了巨大的空间。

目前，“互联网 + 农业”只是大风初起，但“春江水暖鸭先知”的部分企业已经开始在市场预热，而敏锐感知到“互联网 + 农业”发展趋势的各级政府也适时吹响了集结号，但客观地讲，最广大的农民面对“互联网 + 农业”的反应还很滞后。“互联网 + 农业”到底成功不成功，最根本的标准是能不能实现从千年农耕向现代农业的蜕变，它既要改变农业的面子更要改变农业的里子，但就是不能搞花架子。“互联网 +”能不能真正拥抱农业，归根到底是看“互联网 +”能不能真正拥抱千万农民，关键是能不能让最广大的农民成为农业生产经营模式创新的主体，能不能让千年农夫转型成为懂技术、会管理、善经营的现代职业农民，而社会与市场是“互联网 + 农业”竞技场的“裁判员”，政府与机构则要认真做好“服务员”的工作。

二、“互联网 +”助力农业供给侧结构性改革

近年来党中央、国务院明确提出了推进农业供给侧结构性改革的任务，要求高度重视去库存、降成本、补短板，推动农业生产提质增效，破解农业发展困境。围绕农业供给侧结构性改革的目标，农业农村部等部门积极

推动“互联网+”与农业生产、经营、管理、服务等各个环节的深度融合。可以预见，“互联网+”将全面改造传统农业的基础设施、技术装备、经营模式、组织形态与产业生态，它是自绿色革命以来中国传统农业实现赶超发展的最大机遇。

（一）“互联网+”重构从田间到餐桌商贸流通的新体系

农产品商贸流通梗阻是我国农业发展的最大痛点。长期广泛存在的小农户生产经营方式越来越不适应千变万化的大市场竞争要求，农民的信息获取能力、市场议价能力、抵御风险能力弱，农产品从田间到餐桌经过产地经纪人、产地批发商、销地批发商、销地零售点层层加价，流通环节过多、交易成本过高导致农民喊亏、市民喊贵的双输局面。“互联网+”与涉农商贸流通体系的结合，有利于打破供求信息不对称、消减商贸流通中间环节、疏通农产品流通堵塞，既能有效对接千家万户分散的各类农业经营主体，又能及时响应高频次、个性化、变化快的农产品消费需求。近年来农村电子商务涌现出平台网店模式、平台自营模式、垂直电商模式、供应链整合模式等，经营主体涵盖农业产业化龙头企业、农业合作社、家庭农场、专业大户以及普通农户。从未来发展趋势看，更重要的是在农产品电子商务的基础上建立起以仓储物流、包装设计、品牌营销与质量溯源等为代表的配套服务，集成提供信息发布、产品展示、交易撮合、贸易结算、物流配送等一站式服务，重构基于互联网的现代农产品商贸流通体系。

（二）“互联网+”厚植从农业资源到农业品牌的新优势

农业品牌建设长期滞后是我国农业发展的明显短板。无论是一家一户的普通农户，还是农业产业化龙头企业、农业合作社、家庭农场等新型农业经营主体，普遍缺乏必要的品牌意识与规划设计，也无力承担品牌建设所需的长期人力财力投入，一些优质农产品要么是“稀土卖成稀饭价”，要么是“酒好无奈巷子深”。“互联网+”为各地的名优特农产品加速品牌化建设提供了前所未有的机遇，社交媒体、移动终端、电商平台极大地发挥了口碑营销与网络传播效应，低成本快速孵化了一批具有全国影响力的农业品牌，一些原本养在深闺人未识的地方名特优农产品通过网上地方馆、在线产业带走进千家万户。从未来发展趋势看，“互联网 +”将进一步引领农业品牌建设从区域品牌 1.0 进入企业品牌 2.0 阶段，一方面农业产业化龙头企业、农业合作社、家庭农场等新型农业经营主体将不断厚植“互联网 +”的平台优势，深化专业分工、瞄准个性需求，形成企业品牌；另一方面基于大数据的社会信用体系、线上线下信用评价将不断完善，为新型农业经营主体创建企业品牌提供良好的信用环境。

（三）“互联网 +”引领现代农业经营组织创新的新模式

小农户与大市场之间的矛盾是我国农业发展亟待解决的突出问题。与美加等新大陆国家大农企模式、日韩等东亚综合农协模式不同，普通农户仍然是我国农业生产经营的主要组织载体，农民专业合作社尽管快速兴起，但大部分规模偏小、竞争力较弱、带动能力不强，而专业化、规模化、组织化程度较高的农业产业化龙头企业往往存在与农民“抢地”“争利”等问题。继“合作社 + 农户”“龙头企业 + 农户”等模式后，“互联网 +”正在推动“信息中介平台 + 农户”“交易服务平台 + 农户”“价值链整合平台 + 农户”等模式发展壮大。从未来发展趋势看，以家庭农场为代表的新型农业经营主体不仅可以通过网络平台一键对接产前农资供应、产中耕种收服务与产后流通销售等各种农业社会化服务，还可以与其他涉农经济组织开展如农业众筹、众包、众创、分享经济等形式的高频次协同合作，形成具有去中心化特征的虚拟组织，“社会化服务组织 + 网络平台 + 家庭农场”将成为我国在传统家庭经营基础上实现农业现代化的基本组织形式，是对“以家庭联产承包责任制为基础、统分结合的双层经营体制”的重大创新，既能有效发挥家庭农场“分”的制度红利，又能有效发挥网络平台“统”的规模优势。

（四）“互联网 +”培育农村一二三产业融合发展的新生态

农业产业链发育不成熟是我国农业发展的主要瓶颈。与全球发达农业国相比，我国尚未形成从田间地头到餐桌各个环节紧密关联的产业链，农村一二三产业融合总体上还处于初级发展阶段，以各类农业产业园为代表的农业产业集群对一二三产业融合的承载能力较弱。近年来，电子商务的发展为农业农村引入了品牌营销、信用认证、支付结算、物流配送、质量溯源、金融信贷等优质服务资源，并在部分地区形成了若干农业电子商务经济体。随着消费互联网向产业互联网的进一步发展，各类涉农经营主体将通过大数据、云计算、物联网等成为虚拟家庭农场、虚拟农民合作社等互联互通的网络节点，下一步“互联网 +”将帮助各类农业经营主体跨产业、跨地域直接对接、整合外部产业链资源，构建开放、动态、自组织的农业产业链生态体系。一方面，农村电子商务与一二三产业发展融合，目前以 C2B 为代表的新兴农产品电子商务正在出现，推动农产品销售的互联网化进一步向农产品生产、流通、加工、储运、服务等全流程延伸，形成支撑一二三产业融合发展的虚拟产业集群。另一方面，农村电子商务与县域经济发展融合，通过电子商务信息流、资金流、商品流的虚拟集聚带动特色农产品生产、加工、储藏、物流和电商服务业的发展，并催生线上线下一体化的电子商务园区，最终形成以县域为单元的农业信息经济。

（五）“互联网 +”筑牢以云网端装备现代农业的新基础

尽管我国农村信息化环境不断改善、农业信息技术装备水平不断提升，但农业大数据、农业物联网、农业机器人等在农业生产领域的应用大多停留在试验示范阶段，缺乏用得起、用得好的农业智能装备。下一步要把基于互联网的基础设施、智能装备、数据服务引入农业生产经营与管理服务，重点发展“三张网、一朵云、一个端”。第一，铺好农村互联网、物联网、进村入户服务网“三张网”，依托“宽带中国”战略重点解决宽带村村通问题，因地制宜采用多种技术手段加快宽带网络向自然村延伸，围绕水稻、玉米、棉花、奶牛、水产、蔬菜、花卉等领域，选取农产品主产区、垦区、国家现代农业示范区推广物联网应用，依托信息进村入户工程加快推进全国村级信息服务站建设，把村级信息服务站所需的电子商务设施、公共服务设施、便民生活设施纳入新农村建设整体规划统筹考虑。第二，发展农业云，在各地现有农业生产经营数据中心建设基础上，整合构建国家农业农村大数据中心，鼓励大型农业产业化龙头企业、电子商务企业、物流企业、行业协会等建立区域性、行业性专有云，部署实时应用为主的中小型数据中心。第三，推广适应农业农村发展需求的智能终端，加快研发和推广适合农业需求的智能终端与设备，推动设立农业智能终端购置补贴制度。

“互联网＋农业”是信息文明与农业文明碰撞、交织、融合、延展的过程，是推进我国农业供给侧结构性改革、走出特色农业现代化道路的重大机遇与关键部署。“互联网＋农业”不仅加新的基础设施、生产技术，还要加新的组织方式、政策制度，更要加新的发展模式、产业形态，因此，认识“互联网＋农业”需要大视野，要站在“三农”全局、四化同步的高度审视。

三、探索中国特色的“互联网＋农业”推进路径

互联网与经济社会各领域的融合发展已经成为不可抗拒的历史潮流，正在对经济社会发展产生着战略性和全局性的影响。“互联网＋农业”是信息文明与农业文明碰撞、交织、融合、延展的过程，是我国加速农业转型升级、走出特色农业现代化道路的关键之举，也是我国传统农业在世界范围内实现弯道超车的重大机遇。

（一）对“互联网＋农业”的基本认识

“互联网＋农业”是指充分利用移动互联网、大数据、云计算、物联网

等新一代信息技术与农业的跨界融合，通过资源整合、信息共享、知识共享、信息互通和要素互联，创新基于互联网平台的现代农业新产品、新模式与新业态，打造“信息支撑、管理协同，产出高效、产品安全，资源节约、环境友好”的农业现代化新形态、新路径、新动力。

“互联网+农业”的本质是推动市场、资本、人才等要素在农业各行业内充分灵活配置，实现农业生产智能化、经营网络化、管理灵活透明和服务便捷高效，提高资源利用率、土地产出率、劳动生产率，帮助解决农业的高效、优质与增收问题，否则搞得再轰轰烈烈也是昙花一现。从全球范围来看，检验“互联网+农业”是否成功的主要标志是中国农业竞争力是否提升，具体说是农业成本能否下降、农产品价格能否下降，因为互联网降低了流通成本、物联网降低了生产成本，如果“互联网+农业”不能使农产品价格下降，中国农业在国际市场上的竞争力就上不去。

“互联网+农业”要强调农民的主体地位。很多人认为农民是利用“互联网+”的弱势群体，除非政府花很大力气去帮助他们，不然“互联网+农业”将无法真正实现。实际上，“互联网+农业”主要是看能不能给农民带来实实在在的利益，如果能够带来实实在在的利益，知识门槛、资金门槛都不是问题。在推动“互联网+农业”的过程当中，至关重要的是确定农民乃至合作社的市场主体地位，而不仅仅是政府决定要帮他们怎么做。

“互联网+农业”需要多维度透视。一是资源维度，“互联网+农业”既要考虑新资源要素的引入，也要考虑有限资源要素的合理配置。二是技术维度，移动互联网、大数据、云计算、物联网、智能技术等将在农业生产经营各个环节广泛渗透。三是行业维度，“互联网+农业”将涉及互联网与种植业、畜牧业、渔业、农机业等的深度融合。四是产业链维度，“互联网+农业”将推动农业产前、产中、产后形成一个基于互联网的产业链分工合作。五是支撑体系维度，“互联网+农业”需要技术、人才、企业、农民、政府等五大力量支撑。六是发展机制维度，“互联网+农业”的发展机制要兼容市场的自动调节与政府的宏观调控。从六个维度出发可以透视

“互联网+农业”的全景。

“互联网+农业”需要大视野。它不是简单地聚焦在某一个具体领域，不等于单一的农业电子商务，不等于单一的农业大数据，也不等于单一的农业物联网，它不可能在短期内完成，可能需要五年、十年甚至更长的时间。它不是简单的你加我、我加你，而是要提升到你中有我、我中有你、你就是我、我就是你的高度融合状态。因此需要更新观念、拓展思路，站在“三农”全局、四化同步的高度看待“互联网+农业”。由于“三农”的特殊性，“互联网+农业”远比“互联网+交通”“互联网+生活服务”等其他领域更加复杂，遇到的问题更加突出，面临的任务更加艰巨。

（二）我国“互联网+农业”发展的主要态势

“互联网+”为农业生产、经营、管理与服务带来了深刻变革，“互联网+农业”取得了初步成效，但总体发展相对滞后。

1. 四个成效

智慧农业建设取得初步成效。截至“十三五”末，累计投资建设81个数字农业试点项目，认定210个全国农业农村信息化示范基地，带动物联网、大数据、人工智能等新一代信息技术在农业生产经营各领域各环节融合应用。国家农业物联网区域试验示范工程建设成效明显，推广426项农业物联网应用成果和模式，农业物联网在设施农业、畜禽水产养殖、农机作业监控、生态环境监测已经取得明显的经济和社会效益。①

农村电子商务得到迅猛发展。农业农村部、商务部等部门相继出台鼓励农村电子商务发展的规划计划与政策措施，推动形成了跨区域电商平台与本地电商平台共同发展、东中西部竞相迸发、农产品进城与工业品下乡双向互动的发展格局，农村电子商务发展创造了新的农产品流通方式，塑造了农业产业的新形态，对带动市场化、倒逼标准化、提升品牌化发挥了作用。

① 数据来源：《“十四五”全国农业农村信息化发展规划》。

大数据支撑农业管理初现成效。农业农村部已初步建成国家农业数据中心和农业科技数据分中心，开发运行农业监测预警、农产品和农业生产资料市场监管、农村市场和农村科技信息服务三类应用系统，并制定了《关于推进农业农村大数据发展的实施意见》，“用数据说话、用数据决策、用数据管理、用数据创新”的现代农业管理机制初步建立，并取得了初步成效。

农村信息服务正在进村入户。12316 农业综合信息服务热线已经覆盖到全国 1/3 以上的农户，已经成为农民与市场的中继线、农民与专家的直通线、农民与党和政府的连心线。自 2014 年启动信息进村入户试点工作，试点范围覆盖到 26 个省 116 个县，建成运营益农信息社近 2 万个，公益服务、便民服务、电子商务和培训体验服务已进到村、落到户。①

2. 三个滞后

与国际比较，农业物联网、农业机器人应用与欧美农业发达国家存在较大差距。农业发达国家至少在十多年前就使用了物联网技术，近些年的技术进步使物联网更趋成熟。美国在大田生产领域的物联网应用比例达到了 39%，约有 80% 的大型农场使用了物联网技术。法国、丹麦等欧洲国家在养殖业上的物联网技术应用非常广泛，包括动物疫病防控诊断等环节。日本农业早在 20 世纪 80 年代就有了非常成熟的温室自动化控制系统，农业机器人应用将在未来十到十五年达到普及程度。与发达国家相比，物联网、机器人等在我国农业中的应用相对比较滞后。

与城市比较，农村信息化明显落后于以智慧城市为代表的新一轮城市信息化进程。近年来，我国大力推进智慧城市发展，城市信息化从电子城市、数字城市、智能城市提升到了一个更高的阶段。尽管在制定智慧城市政策规划、实施智慧城市项目建设中，一直强调智慧城市不能忘掉农业农村，也相应实施了智慧农村、智慧农业项目建设，但总体而言，与智慧城

① 数据来源：关于政协十二届全国委员会第四次会议第 1344 号提案答复的函。

市相比，农村信息化比较滞后，“互联网＋农村”发展明显不足。

与行业比较，农业是国民经济信息化的最大短板，而大田作物种植是短板中的短板。与涉农的水利、气象等行业相比，农业领域的信息化是比较滞后的，与金融、电力、交通、银行等行业相比，农业信息化的差距更大。即使与医疗卫生等领域相比，二者都面对的是生命体，但农业的信息化难度更大。实际上，在当前产业互联网正在兴起的背景下，工业4.0、智能制造、智慧工厂、新型信息服务等得到迅猛发展，而农业是一个相对沉寂的领域。在农业内部，与水产养殖、畜牧生产、设施园艺等细分行业的信息化相比，大田作物种植仍然是农业信息化亟待攻克的难点。

（三）我国“互联网＋农业”存在的突出问题

推进“互联网＋农业”要从农业产业链的需求侧入手，找准农业痛点，找到互联网与农业发展双重规律的平衡点，重点解决认知偏差、顶层设计、基础设施、人才队伍等问题。

1. 一些地方政府部门与新型农业经营主体对“互联网＋农业”有什么用、什么是“互联网＋农业”、“互联网＋农业”怎么做存在认知偏差

“互联网＋”、大数据、物联网是新生事物，在农业上的应用成效还不够显著，有的市场主体尚未认识到新一代信息技术将会对农业产生变革性的影响。各级政府部门对数据的共享开放存在不愿、不敢、不会的问题，在处理政府与市场的关系上，存在政府大包大揽或放手不管的现象，有些地方政府片面地认为配置了电脑、能上网、有系统、架门户网站，再搭建个电子商务平台，能在网上买卖农资、农产品，就是“互联网＋农业”。有些家庭农场、农民合作社、专业大户等新型农业经营主体，由于受传统体制、经营惯性、小农意识的影响，在农业生产经营活动中缺乏主动“＋互联网”的积极性，有的盲目把“互联网＋农业”视作蓝海市场，简单套用“互联网＋”在工业等领域中的做法与模式，没有找到接地气、能盈利、可持续的发展模式。

2.“互联网+农业”工作失于片面性、局部性、碎片化，缺乏从战略规划、数据共享、业务推进等领域推进顶层设计

“互联网+农业”作为新一轮信息技术与产业革命背景下农业现代化的全新命题，缺乏总体规划与顶层设计是突出的问题。在数据开放共享方面，农户、土地、生产、农技、农机、农资、水利、气象等数据信息分别由多个部门管理，数据碎片化较严重，数据资源开放共享困难。在具体业务推进方面，“互联网+农业”涉及农产品生产销售、农村综合信息服务、农业政务管理等各个环节，是一个错综复杂的系统工程，但目前存在一哄而上、各自为政的苗头，非常容易形成片面性、局部性的发展态势，不利于“互联网+农业”的整体推进、协调发展。因此，急需制定我国“互联网+农业”发展战略规划，从战略高度推动“互联网+农业”发展，形成统一谋划、稳步实施的推进格局。

3.农村互联网普及率低、公共信息服务能力弱、农业大数据设施不健全，是制约“互联网+农业”发展的三大瓶颈

“互联网+农业”能否顺利推进，离不开信息基础设施在农业农村的广泛普及。目前，农村地区互联网基础设施相对薄弱。农村公共信息服务村级站建设滞后，设施设备配置不完善，服务能力有待大幅度提升。另外，农业大数据设施不健全，农业数据资源的利用效率低、数据分割严重，大数据技术在农业领域的应用大多停留在试验示范阶段，数据资源转化为农业生产力的任务异常艰巨。农业农村信息基础设施薄弱，对“互联网+农业”的快速发展形成了巨大的挑战。

4.缺乏用得上、用得起、用得好的农业智能装备和缺乏既懂农业又懂互联网的复合型人才，是“互联网+农业”亟待补齐的两块短板

“互联网+农业”能否取得实效取决于新一代的智能装备应用与人才队伍支撑。从智能装备来看，缺乏用得上、用得起、用得好的农业智能装备是制约“互联网+农业”发展的短板，以农业物联网为例，由于技术研发人员缺乏对农艺的深入了解，开发的软硬件不适应各地农业生产经营的要求，无法充分发挥农业物联网的作用，加上农业物联网价格较高，限制了其被大规模应用推广。从人才队伍来看，往往存在懂互联网的不懂农业，懂农业的不懂互联网，既懂农业又懂互联网的复合型人才极其缺乏，农村地区由于条件艰苦、收入不高难以吸引、留住人才，基层干部、农民普遍缺乏“互联网+”的应用能力。

（四）推进我国“互联网+农业”的路径探索

如何让传统农业、落后农村、弱势农民搭上“互联网+”的“高铁列车”，实现农业农村发展的后发制胜，是我国未来较长时期加速推动农业现代化的重大课题。

1.研究制定“互联网+农业”健康发展的指导意见，在产业规划、技术路线、专项工程、制度保障等方面让顶层设计落地

从国家层面，搞好“互联网+农业”顶层设计，研究制定“互联网+农业”健康发展的指导意见；出台“互联网+农业”产业发展规划，指导“互联网+农业”产业发展和应用示范，防止信息孤岛，推动经济社会各领域的共同开发与利用；制定“互联网+农业”技术发展路线图，实现基础领域和关键技术突破，加快推进科学和工程领域的创新；加强“互联网+农业”立法，推动农业数据开放、人才培养等，为“互联网+农业”发展创造良好环境；成立重大专项工程，建设农业互联网应用示范园区，推进产业链整合、重组、细分，促进“互联网+农业”的迅速发展。

2.加快建设现代农业大数据平台，发挥农业大数据在市场预测预警、质量安全保障、农业管理服务等方面的作用

加快农业数据化改造，完善农业数据标准体系，大力推进数据整合共享和有序开放，建成以农民、农村和农业为中心，囊括农村管理、农业管理、农经管理、农地管理、产权交易和农村电子商务等领域，形成功能上关联互补、信息上共享互换的现代农业大数据平台。充分发挥大数据的预测功能，实施农业资源环境精准监测，开展农业自然灾害预测预报，强化动物疫病和植物病虫害监测预警，实现农产品质量安全全程追溯，实现农作物种业全产业链信息查询可追溯，强化农产品产销信息监测预警数据支持。

3. 积极引导社会力量参与，统筹推进农村信息基础设施、电子商务配套设施、公共信息服务设施等建设

依托“宽带中国”战略，结合信息进村入户与电子商务进农村等相关农村信息化工程，加快推进农村地区互联网基础设施建设，重点解决宽带村村通问题，把农村电子商务的配套设施纳入新农村建设整体规划统筹考虑，对所需的仓储、公共服务设施进行前瞻性的设计与部署，同时利用电子商务企业等社会力量，完善乡村物流配送体系。

4. 积极扶持“互联网 + 农业”的带头人，运用信息化手段培育一批既懂互联网又懂农业的新型职业农民

鼓励大学生村官、农村青年致富带头人、返乡创业人员和部分个体经营户成为农村电商创业带头人，带动新型职业农民、家庭农场主、合作社社员广泛成为拥有互联网思维、掌握信息化技术的市场主体。加强新型职业农民培育教育培训体系建设，积极推动智慧农民云平台建设，研发基于智能终端的在线课堂、互动课堂、认证考试的新型职业农民培训教育平台，实现新型职业农民培育的移动化、智能化。把电子商务、信息技术应用等纳入新型职业农民、大学生村官等培训项目，实施农民手机应用技能培训，组织全国竞赛，培育扶持一批既懂互联网又懂农业的新型职业农民。

5. 加快研发推广农民用得上、用得起、用得好的农业智能装备，探索租赁、共营、分享等多种形式的应用推广机制

加快研发和推广适合农民使用的低成本智能终端。突破农业传感器、北斗卫星农业应用、农业精准作业、农业智能机器人、全自动智能化植物工厂等前沿和重大关键技术；深入实施国家农业物联网试验示范工程，推广适宜农业、方便农民的低成本、轻简化的技术设备，建立农业物联网智慧系统，在大田种植、设施园艺、畜禽养殖、水产养殖等领域广泛应用；

开展面向作物主产区域、主要粮食作物的长势监测、遥感测产与估产、重大灾害监测预警等农业生产智能决策支持服务。加强政企、公私合作，探索完善租赁、共营、分享等多种机制，加大推广力度，扩大应用规模，确保农民用得上、用得起、用得好。

6. 鼓励互联网公司、农业企业等发展多种形式的农村电子商务，引导一二三产业融合发展与农业经营制度创新

鼓励头部互联网公司积极参与农产品电子商务建设，构建基于“互联网 +”的农产品冷链物流、信息流、资金流的网络化运营体系；积极推动中粮等大型农业企业自建电子商务平台，推动农产品网上期货交易、大宗农产品电子交易、粮食网上交易等；加快推进美丽乡村、“一村一品”项目建设，实现优质、特色农产品网上交易以及农产品网络零售等；引导农产品电子商务平台向一二三产业融合方向发展，在条件成熟的农产品主产区探索成立以若干大宗农产品为经营对象的“互联合作社”。

7. 加强农村公共信息服务体系建设，推动城乡优质公共服务均等化，提升农村经济社会管理能力

积极落实国家农村信息化示范省建设项目，完善农村综合信息服务云平台；构建农村文化教育信息服务系统，开展面向基层农民的科技和文化知识远程教育服务；建设农村劳动力转移与就业信息服务系统，实现农村劳动力培训转移就业服务的全程信息化；建立农村土地流转信息服务系统，逐步实现农村土地承包经营权动态化管理；统筹城乡社会保障信息服务系统，实现农村最低生活保障信息和农村养老保险、医疗保险、失业、工伤、生育保险等信息的快速查询和服务；建设农村医疗卫生信息服务系统，逐步形成农村医疗、预防、保健、公卫、疾控的一体化管理与服务。

8. 加快建设对外交流合作的网络平台，推动我国优质农产品、先进农业技术装备、优势农业企业走出去

充分利用中国 – 东盟、中国 – 新西兰等自贸区优势，发挥我国与美国、加拿大、澳大利亚、日本和欧盟有关国家双边农业磋商机制，积极建设跨境农产品电子商务平台，打造具有国际品牌的特色优质农产品；在亚洲、非洲、南美洲有关国家建设农业技术交流服务平台，推动我国先进适用的农业生产技术和装备等“走出去”；构建农业投资综合信息服务平台，为农业对外投资企业提供市场、渠道、标准、制度等各种信息资料。

第七章

加快培育壮大新兴产业

一、“芯片荒”警示汽车产业链发展风险

习近平总书记高度重视产业安全，明确要求“着力打造自主可控、安全可靠的产业链、供应链，力争重要产品和供应渠道都至少有一个替代来源，形成必要的产业备份系统”。2021 年 1 月以来，“车载芯片荒”使我国车企普遍面临停产减产危机。每辆车价值不足千元的主控芯片供应短缺，竟然使产值超过 8 万亿元的国内汽车产业陷入困境。“车载芯片荒”同时警示，由于汽车电动化智能化趋势催生芯片巨量需求，加上技术市场固有因素制约车载芯片产能有效扩张，车载芯片供给不足问题或将长期存在，汽车产业链“弱备份”能力的软肋或将更加明显，亟须以“车载芯片替代来源不足”为鉴，加快谋划“汽车产业链备份系统”建设。

（一）短期芯片短缺拉响汽车产业链长期警讯

1.“芯片荒”造成汽车产业链行业性停产减产

从全球看，由于车载芯片短缺及其相应的车身稳定系统（ESP）供应不足，2020 年 12 月以来，美国、德国、日本等国家的汽车企业纷纷停产减产，福特、大众、奥迪、通用、丰田、日产、本田等在全球范围放慢生产节奏。根据汽车行业数据预测公司 AutoForecast Solutions 的数据，2021 年全球范围内的汽车芯片短缺造成 1 000 多万辆的汽车产量损失。从国内看，根据国家信息中心对国内汽车企业、国际汽车公司总部、汽车零部件跨国企业的调研，受制于车载芯片问题，上汽大众、一汽大众、广汽本田、东风日产等企业相继停产或减产部分车型，甚至个别企业产能一度压缩到正常水平的 30% ~ 50%。

2.“芯片荒”对我国汽车产业链安全发出长期警讯

尽管车载芯片短缺是在新冠肺炎疫情冲击下的全球芯片产能释放受阻、消费电子芯片需求暴涨、汽车行业超预期复苏等短期因素叠加下产生的，

但从发展趋势看，汽车“缺芯”问题或将长期存在，若不超前布局，我国汽车产业链可能面临“看天吃饭”的困境。

从需求趋势看，汽车电动化、智能化将使车载芯片需求长期快速增长。一辆新能源汽车预计使用300颗主控芯片（MCU），是传统燃油汽车的4～5倍；汽车智能化依赖的先进传感器、车载网络、三电系统、底盘电控、ADAS（高级驾驶辅助系统）、自动驾驶等同样离不开芯片，车载芯片将成为未来汽车产业链转型升级的“电子大脑”。

从供给趋势看，车载芯片产能扩张面临明显技术制约与市场门槛。车载芯片主要使用8英寸晶圆，全球8英寸晶圆产能自2007年达到峰值以来趋势性下降，与消费电子芯片使用12英寸晶圆相比，车载芯片设计难度大、验证门槛高、研发投入多、开发周期长，一般3～5年都难以实现应用落地；同时，车载芯片并不受到芯片生产企业的偏爱，2019年全球车载芯片市场规模约2 800亿元，仅占整个半导体市场的10%，台积电2020年收入中只有3%来自车载芯片，特别是在遇到消费电子与汽车工业抢占芯片产能时，芯片生产企业往往选择利润率相对较高的消费电子芯片。

（二）芯片短缺暴露汽车产业链的最大软肋

近年来，尽管我国在车载半导体的集成电路设计、封装测试、晶圆制造、设备制造等领域均有所突破，但市场规模总体上仍然较小。

1. 国内企业在全球汽车产业链中缺乏话语权，在应对危机中暴露“弱备份”短板

车载芯片一头连着汽车零部件、整车企业，一头连着半导体集成、芯片代工企业。在产业链下游，以德系、日系、美系的整车制造厂商（OEM）以及在国内的合资汽车企业为主，近年我国也涌现出一批成长性较强的自主汽车品牌。在产业链中游，主要有博世、大陆电子、日本电装等汽车半导体芯片及元器件生产企业，这些企业从事汽车电子模块化功能的设计、集成及销售，同时也是我国汽车行业最主要的汽车电子零部件供应商，此轮汽车停产减产直接原因就是博世、大陆电子等生产的车身稳定系统（ESP）缺货。在产业链上游，主要有恩智浦、瑞萨电子、英飞凌等车载芯片集成企业，供应汽车电子零部件的核心芯片及其他分立器件，它们占据全球车载芯片市场的80%以上，我国自主品牌98%以上的车载芯片都来自欧美供应商，导致车身稳定系统（ESP）缺货的直接原因即是主控芯片（MCU）供应跟不上。在产业链源头，主要是台积电、三星、联电科技等芯片代工企业，负责8英寸晶圆生产及车载芯片的代工生产，而国内企业芯片代工能力有限。

从汽车产业链看，国内车企主要集中在整车制造及部分中低端零部件生产领域，但从产业链源头的芯片代工、产业链上游的芯片集成、产业链中游的车载电子零部件生产都被国际巨头牢牢卡住了脖子，缺乏有效的替代来源，没有形成安全可控的“备份系统”，因此，一旦发生“断芯”等危机，很容易导致整个汽车产业行业性危机。

2. 全球汽车半导体企业加速并购整合，进一步压缩了我国可选的进口替代来源

2020年，车载芯片领域呈现加速并购整合态势。英伟达宣布与软银达成最终协议，同意以高达400亿美元的价格收购英国芯片设计公司ARM；AMD（美国超微半导体公司）以350亿美元全股票交易收购全球领先的可编程逻辑完整解决方案供应商赛灵思；美国芯片巨头ADI（亚德诺半导体公司）宣布计划以209亿美元的全股票方式收购竞争对手美信集成产品；AMS（艾迈斯）以46亿欧元收购欧司朗69%的股份；英飞凌以90亿欧元成功并购赛普拉斯；英伟达以70亿美元收购了Mellanox（迈络思）。全球车载芯片巨头的并购整合，将进一步加强对汽车上下游的控制能力，压缩我国汽车企业可选择的进口替代来源，不利于国内车载芯片企业成长。

（三）加快谋划汽车产业链“备份系统”建设

中央财经委员会第七次会议提出“重要产品和供应渠道都至少有一个替代来源，形成必要的产业备份系统”。汽车是涵盖车载芯片等3万多个零部件的全球性集成产品，极易由于关键零部件的“弱备份”而断链，要高度警惕美西方将关键零部件供给“政治化”，必须以车载芯片问题为鉴举一反三，加快谋划建设我国汽车领域的“产业备份系统”。

1. 探索实施“十四五”时期汽车产业链备份系统建设专项行动计划

根据车载芯片等汽车零部件的进口依赖程度，依托东北、京津冀、中部、西南、珠三角及长三角等六大汽车零部件产业集群，加快建立关键零部件备份园区、关键零部件备份企业清单以及关键零部件备份开发合作联盟。引导支持汽车产业发展的各项财税、金融、政府采购等优惠政策向备份园区、备份企业倾斜。

2. 加快推动汽车产业链关键零部件的产品备份、产能备份与技术备份

引导国内汽车整车及零部件企业在一般性库存基础上，适当调高产品及材料备份比例，应对各类不确定事件带来的供应短缺风险。鼓励对严重依赖进口、进口渠道单一的产品及关键零部件适度自建备份生产线，避免进口断供影响停产减产。引导行业协会组织企业开展替代性技术研发，形成可应对市场变化的替代性技术方案。

3. 创新与汽车产业链备份系统建设相适应的推进政策与模式

引导国内汽车整车企业与零部件企业、汽车电子企业、芯片代工企业形成优先供应的中长期合约机制。有效利用公务用车、公共交通用车采购政策支持国内汽车企业开发备份技术、备份产品。以共享经济思维引导汽车产业链上下游企业抱团取暖、共担风险，联合开发替代性技术、共同组织相关零部件及原材料备份。

二、培育引领国际竞争的未来产业

（一）未来产业的先发优势逻辑

未来产业是基于未来技术突破和场景应用而培育的新兴产业，重大科技创新产业化后形成的、代表未来科技和产业发展新方向、对经济社会具有支撑带动和引领作用的前瞻性新兴产业。

1. 未来产业具有巨大的潜在先发优势

尽管未来产业的发展具有长期性，但是一旦技术发展成熟并实现与市场需求的结合，其巨大的商业价值将会爆发出来，未来产业的先行者将会成为全球产业变革的领导者，未来产业的策源地将会成为全球产业的中心。

一是先行者（企业或国家）在技术发展过程中形成大量的专利，越是科技发展早期的专利越是可能成为未来产品化过程中的必要专利，这些专利将成为先行者阻碍后来者进入的壁垒。二是除了以专利形式公开的知识外，先行者在探索技术产品化、工程化的过程中还会形成大量关于设计、生产工艺、产品架构、模块连接等各个生产环节的默会知识。在专利公开的技术信息之外，仍然存在大量的商业机密，构成了后来者需要花费大量时间才能突破的进入壁垒。三是先行企业在推动产业化的过程中会主导形成一批产品之间、产品内的模块之间、产品与其他产品之间连接和通信的标准，并围绕先行企业的标准形成一批由供应商组成的商业生态。

信息技术是当前新一轮科技革命和产业变革中技术和商业模式最活跃的领域，蕴含着大量成为未来产业的机会，数字时代的未来产业具有明显的网络效应，即产品或服务能够带给用户的总价值等于产品或服务本身的净价值加上网络效应的价值，未来产业的先行者可以凭借更多的用户数量、更丰富的互补品或更多的供应商，获得显著的网络效应优势，网络效应进一步强化未来产业先行国家和企业的领先优势。

2. 未来产业是决胜全球竞争的战略选择

一是从全球技术格局来看，科技创新进入空前活跃期，国家科技竞争短兵相接，未来产业日益成为全球科技竞争的主战场，主要发达国家不仅对未来科技前沿领域进行大规模规划与布局，也通过政治、贸易等手段对竞争对手竭力遏制。全球正处在以争夺颠覆性技术制高点为目标的激烈竞争态势中，大力发展未来产业是把握全球科技竞争主动权、培育全球科技竞争优势的必然选择。二是从全球产业格局来看，贸易秩序进入深度调整期，产业链竞争上升为国家竞争，未来产业日益成为产业结构优化升级的先导领域，着眼全球产业价值链高端布局、大力发展未来产业、在技术创新优势领域提升比较优势是提升我国产业国际竞争力、实现产业结构优化升级的核心工程。三是从国家创新驱动发展看，未来产业日益成为事关全局、决定长远的关键突破口。与传统发达国家不同的是，我国当前正处在工业化向后工业化转变阶段。同时，新工业革命正催化信息化和智能化对产业发展范式的变革。双重任务叠加要求我国加快培育适应新经济发展的市场主体、加大在重点要素领域的改革力度、破解制约经济新动能成长的制度因素。围绕国家发展的重大需求，以未来产业为引领，探索适合新经济领域发展的体制机制、破除要素壁垒，是践行国家创新驱动战略和供给侧改革的重要突破口。

（二）未来产业的战略布局与探索

未来产业是衡量一个国家科技创新和综合实力的重要标志。推动未来产业发展是建设现代产业体系、培育发展新动能、促进经济高质量发展的重要举措，是面对新型国际关系、把握产业发展主动权的战略举措，也是谋求“十四五”时期竞争新优势的关键所在。

未来产业的战略布局正在积极推进。2020 年以来，党中央多次强调布局未来产业。2020 年 3 月 29 日至 4 月 1 日，习近平总书记在浙江考察时强调，抓紧布局数字经济、生命健康、新材料等战略性新兴产业、未来产业，大力推进科技创新，着力壮大新增长点、形成发展新动能。2020 年 5 月 14 日召开的中共中央政治局常务委员会会议指出，要实施产业基础再造和产业链提升工程，巩固传统产业优势，强化优势产业领先地位，抓紧布局战略性新兴产业、未来产业，提升产业基础高级化、产业链现代化水平。2020 年 10 月 14 日，习近平总书记在深圳经济特区建立 40 周年庆祝大会上的讲话中指出，要围绕产业链部署创新链 、围绕创新链布局产业链，前瞻布局战略性新兴产业，培育发展未来产业，发展数字经济。《中华人民共和国国民经济和社会发展第十四个五年规划和2035年远景目标纲要》提出，前瞻谋划未来产业，在类脑智能、量子信息、基因技术、未来网络、深海空天开发、氢能与储能等前沿科技和产业变革领域，组织实施未来产业孵化与加速计划。2021年4月科技部、国家发展改革委、工业和信息化部等六部门发布的《长三角G60科创走廊建设方案》提出，在重点领域培育一批具有国际竞争力的龙头企业，加快培育布局量子信息、类脑芯片、第三代半导体、基因编辑等一批未来产业。各地对未来产业的战略布局见表7–1。

表7–1　各地对未来产业的战略布局

地区	政策	布局
深圳	2013年《深圳市未来产业发展政策》	生命健康、海洋 、航空航天等未来产业
杭州	2017年《杭州市人民政府关于加快推动杭州未来产业发展的指导意见》	人工智能、虚拟现实、区块链、量子技术、增材制造、商用航空航天、生物技术和生命科学等
南京	2017年《关于加快推进全市主导产业优化升级的意见》	人工智能、未来网络、增材制造与前沿新材料、生命健康等
沈阳	2018年《沈阳市未来产业培育和发展规划（2018—2035年）》	未来生产、未来交通、未来健康3个主导产业和未来信息技术、未来材料2个赋能产业的“3+2”未来产业体系
厦门	2019年《关于做强做大高技术高成长高附加值企业三年行动计划（2019—2021）》	柔性电子、新型显示、第三代半导体等十大具备爆发式增长潜力的未来产业
安徽	“3+N”未来产业培育工程	前瞻布局量子科技、生物制造、先进核能等产业
江苏	未来产业培育计划	前瞻布局第三代半导体、基因技术、空天与海洋开发、量子科技、氢能与储能等领域
浙江	未来产业孵化与加速计划	超前布局发展量子信息、物联网等未来产业，建设未来产业先导区

（三）创新驱动未来产业发展的主要模式

1. 政府主导推动重大科技攻关、建设大型国家实验室，是发达国家保持科技领先优势的关键举措

有一种误解认为，发达国家是市场经济，创新主要是企业的事，政府做得很少，实际上美国联邦政府通过“曼哈顿计划”“阿波罗计划”招纳全球顶尖科技精英，实现了原子弹研发、人类登月等历史开创性的巨大成就。美国国家实验室是二战以来重大科技突破的核心载体，其建设经验也具有重要借鉴价值，联邦政府提供长期稳定充足的财政投入，近年来美国能源部 17 个国家实验室经费总量持续稳定在 200 亿美元以上，其中来自联邦政府投入的比例达到 96.2%，从根本上保障了国家实验室从事原始性创新研究。二战之后，美国、英国、日本等国家大力发展科学技术研究，兴建了大量适用于复杂交叉学科研究的大科学装置，一方面促进了本国科学技术的进步，另一方面又带动了国内经济、军事等其他领域的飞速发展。2021 年 1 月，美国总统科技顾问委员会发布了标题为《未来产业研究所：美国科学与技术领导力的新模式》的重要咨询报告。未来产业研究所是美国为实施未来产业发展战略设计的新型创新主体。未来产业研究所是面向美国国家战略需求组建，多部门参与、公私共建、多元投资、市场化运营的研发机构，具有独特的组织模式和管理机制。未来产业研究所的科研成果将帮助美国维持在科技领域的全球领导地位，进而确保美国未来的国家安全和经济安全。

专栏　知识分享——美国劳伦斯伯克利国家实验室（LBNL）

《史蒂文森－怀德勒技术创新法》要求预算在 2 000 万美元以上的联邦实验室设立专门的技术应用办公室，从事研究成果的技术转移，推动技术移转活动。LBNL 作为美国能源部的重点国家实验室之一，专门成立技术转移与知识产权管理部门（TTIPM），主要目的是促进 LBNL 相关技术的产业化利用。除了常规的针对大企业的转让许可及合作研究计划，TTIPM重点建立了一系列计划以支持初创企业的孵化与发展。商业化分析服务、技术转移培训、桥基金等服务帮助初创企业顺利度过初期资金紧张和经验匮乏的时期。面向风险投资者、企业家的各种技术展示活动和交流会议将LBNL的技术进行了广泛的科学普及和深入的针对性宣传。受美国能源部委托，LBNL由加州大学伯克利分校进行运营管理，享受伯克利分校的人才红利。LBNL依托其自身及周边大学的研究能力，吸引了当地以及国内外的大批用户申请实验，实验室使用人员和交流访问人员的数量总和大大超过了正式研究人员。完善的人才梯队引进和培养体系使LBNL在基础研究及应用研究方面拥有长期的发展空间。

2. 国家引导产业联盟协同创新、支持前沿技术研发转化为战略性新兴产业，是发达国家持续保持产业领先优势的关键

以美国为例，美国联邦政府持续投入国防研发与采购，军民通用技术的突破推动了飞机制造、核能、计算机、半导体、航天、互联网等新兴产业的发展壮大，2014年美国国防部牵头并联合军种科研管理机构及直属实验室，成立先进电子、空中平台、生物医药等17个“利益共同体”，2015年国防部组建“国家增材制造创新机构”及“柔性混合电子学制造创新机构”等15个制造创新机构，整合军地管理部门、科研院所、大中小型公司的优势资源，推动创新成果规模化应用。以法国为例，法国从20世纪90年代开始实施航天计划、核能计划和电子、信息和通信技术等国家大型技术计划，由政府积极推动抢占新技术新产业发展制高点。

专栏 聚集设施与资本——英国哈维尔园区的模式创新

哈维尔园区坐落在哈维尔牛津科学与创新园，是牛津南部的一个集领先科学、创新、技术以及商业为一体的高新园区，园区内还建设有中央激光设施（CLF）、钻石光源（Diamond Light Source）等一系列世界领先的科技设施。各个装置从不同的深度和广度对物质的性能和微观结构进行测量，可以实现对研究对象的全面、准确的表征描述，能够促进研究人员在材料制备、信息技术、药物开发等前沿交叉领域的研究和开发。哈维尔园区通过发挥大科学装置的集群优势，推进学科综合交叉研究，吸引了空客、阿斯利康制药、本田汽车、西门子等国际跨国企业入驻，促进产学研的协同创新，打造了英国重要的科学和产业创新中心。哈维尔园区为产业孵化制定了多元化的资金保障体系。为大型项目提供多种融资渠道，包括政府基金、信托投资、风险投资、企业基金、大学基金等，以及在科技、医药、通信和生命科学领域的主流机构投资者。逐步形成以社会资金为主要资金源，政府、大学共同支持的多元化投入模式。

3. 大企业长期维持巨额研发投入、承担重大技术攻关及产业化开发，是发达国家的普遍现象

以芯片为例，2021 年美国芯片行业研发开支高达 805 亿美元，占全球芯片研发总开支的 55.8%，其中英特尔研发投入达到 152 亿美元。此外，台积电、三星等芯片巨头研发投入也分别达到 177 亿美元、99 亿美元，研发投入分列全球芯片行业第二、第三位。在大企业游说下，发达国家普遍采用投资贸易壁垒等限制扼杀其他国家的高技术创新，如 2015—2017 年，美国外资投资委员会（CFIUS）叫停我国企业涉高科技业务海外并购案达 14 起。此外，发达国家越来越重视利用产业政策保护重点产业的国际竞争力，2019 年德国出台《国家工业战略 2030》，提出在一些重点领域由国家直接参与促进企业联合组建行业巨头，国家组建财团提供援助和补贴支持产业发展。

专栏　服务大企业用户——日本质子加速器研究装置（J-PARC）

J-PARC 作为世界上已建成能量级最高的加速器装置，于 2009 年在日本茨城县东海村投入使用，毗邻北太平洋，与 80km 外著名的筑波科学城遥相呼应。一方面，J-PARC 地处日本原子能研究开发机构（JAEA）总部和日本高能加速器研究机构（KEK）分部附近，基础科研实力雄厚；另一方面，J-PARC 吸引周边知名企业、研究机构、大学进行产学研合作（如日立市小松制作所、三菱材料中央研究所以及茨城大学），推动相关产业应用的发展。J-PARC 在产业化核心设施——材料与生命科学实验装置中分配了充足的束线以满足科学和产业应用的需求。同时，通过第三方协议规定，专门开辟两条产业化束线供企业使用，由茨城县政府专门成立分部进行统筹管理，为企业提供了更多实验机会。此外，日立公司董事、茨城县知事和 J-PARC 共同发起成立了质子产业利用推进协会，会员包括 2 家研究机构和东芝、丰田、花王等 48 家日本各行业的核心企业。通过组织各种技术培训会、研究会、研讨会和说明会，协会向企业普及大科学装置相关技术，把最新研究成果信息发布给会员企业，并及时把会员企业的诉求反馈给文部科学省、KEK 和 JAEA 等上级单位，对日本大企业在产业领域发挥研发实力起到了促进作用。

4. 中小企业是发达国家创新体系中最为活跃的部分，发达国家普遍重视对中小企业提供惠普性的创新支持政策

发达国家鼓励创新的优惠政策对各种企业一视同仁。美国 1980 年制定的《拜杜法案》使得政府资助形成的无形资产所有权从政府让渡给承担研究的中小企业，并于 2015 年发起了“供应链创新计划”，为超过 3 万家美国中小企业提供最新技术工具，将覆盖美国 1/3 的制造业中小企业。德国联邦经济技术部 2008 年实施的“中小企业核心创新计划（ZIM）”，采用研发经费补贴方式支持企业自主开展新产品、新技术与创新型服务的研发项目，资助比例达到研究经费的 20% ~ 45%。日本利用技术开发补助金制度激励企业进行科技创新，并针对中小科技企业研究开发给予资金支持。

（四）加快布局培育未来产业的总体思考

1. 以国家实验室建设为龙头，发挥新型举国体制优势，集中力量攻关顶层技术创新

借鉴“两弹一星”工程、载人航天工程、探月工程等经验，对于顶层技术创新，要突出政府“有形之手”作用，整合全国优势科技资源，充分发挥社会主义市场经济条件下的新型举国优势。一是实施重大领域的国家战略性科技攻关项目。顶层技术创新不能“泛化”，要着眼于打造未来领跑的非对称性优势，依托国家科创中心的创新资源，集中在深空深海探测、国家网络空间安全、脑科学与类脑研究、人工智能等领域布局一批国家战略性科技攻关项目。二是建设以国家实验室为核心的创新“雁阵”。推动建立以国家实验室为龙头、国家重点实验室等分工协同的国家级创新联盟，实现各部门、各地方、跨学科、跨系统的科技攻关。三是保障科技攻关的长期稳定持续财政投入。大幅提高基础研究经费投入，将国家实验室经费保障纳入中央财政预算，逐步形成以中央财政预算为主的稳定投入机制，引导公益性基金对国家实验室建设运营予以投入，保障国家实验室研究符合国家战略需求。四是组建科技攻关的国家级人才团队。依托国家实验室从全国科研院所、国有企业等机构遴选科技人才组建攻关团队。围绕新一轮科技变革育才用才，制定未来尖端人才培育战略和未来特殊人才开放计划。五是利用全球创新资源推动开放创新。试点外籍科学家领衔重大科技项目机制，主动设置全球性创新议题，提高国际知识配置能力，组织实施国际大科学计划和大科学工程，建设“一带一路”创新共同体，加快科技创新交流、共建联合实验室。

2. 以国家产业创新中心为主，发挥产业联盟协同创新作用，攻克决定战略性新兴产业发展的前沿技术

对于战略层技术创新，要更加坚定地发挥政府支持与市场激励作用，整合资源，突破影响未来国家产业竞争的前沿技术，推动前沿技术转化为未来产业。一是积极组建重点领域的国家产业创新中心。重点遴选数字经济、新一代信息技术、新能源、新材料、生物技术、量子计算、机器人等战略性领域，着眼于获取未来产业竞争新优势布局一批国家产业创新中心，加快建立国家产业创新中心的准入退出机制，形成创新资源市场化配置。二是创建区域性战略性新兴产业联盟。以国家产业创新中心为载体，联合国家重点实验室、国家工程研究中心等创新平台，支持战略性新兴产业领军企业与国内外创新主体形成技术产业联合体，推动产业链、创新链、资金链和政策链深度融合，打造“政产学研资”紧密合作的创新生态。三是稳定对国家产业创新中心的资金投入。推动国家产业创新中心建设与国家发展规划相衔接，探索从政府科研立项为主转向企业自主立项为主，支持非共识创新，鼓励金融机构、各类创业投资基金、产业投资基金以及其他社会资本，参与投资国家产业创新中心建设运行。四是加快科研院所现代治理模式创新。完善技术开发类科研院所的企业化转制，进一步赋予科研院所人事、财务、管理等自主权，探索开展科技成果权属混合所有制改革，探索对科研院所引入竞争机制。

3. 以大企业研发为主体，发挥大国市场牵引作用，突破现有重点产业的共性关键技术卡点问题

解决我国产业链共性关键技术卡点问题，关键还是要充分调动市场的力量，依靠大企业科技攻关，同时高度重视大企业科技攻关面临的国外科技遏制，需要按照国际通行做法对大企业予以稳定护航。一是聚焦重点产业链的共性关键技术。加快在工业母机、基础软硬件、基础元器件、集成电路装备、航空发动机及燃气轮机等领域形成技术突破。二是在产业链龙头企业布局建设国家级创新平台。在龙头企业布局建设国家工程研究中心、国家技术创新中心、国家重点实验室等，充分发挥国家重点工程、科技重大专项、科技计划、产业化项目和应用示范工程的引领作用，开展行业共性的关键技术攻关和试验研究、重大装备研制。三是统筹共性关键技术攻关的资金支持。统筹使用中央预算内资金、专项基金等资金渠道，加大金融支持力度，加强国家财政资金、金融资本与社会资本的协同，解决共性关键技术攻关的资金需求。四是推动共性关键技术攻关从“相马”变为“赛马”。探索建立共性关键技术攻关的动态竞争机制，推动攻关由预选单一主体向多元化竞争转变。五是充分发挥大国市场对共性关键技术产品迭代创新的牵引作用，探索加大政府采购对共性关键技术产品自主化的支持，建立完善政府采购自主创新产品合理容错机制，强化首台（套）奖励政策落地实施。

4. 调动中小企业的创新积极性，完善普惠性的创新支持政策，形成最广泛的创新格局

对于最广泛的中小企业，最重要的是营造良好的创新环境，提供便捷的创新公共服务与普惠性支持政策，发挥市场激励与竞争对创新的推动作用。一是面向中小企业整合优化科技创新公共服务。围绕科研仪器、科研设施、科学数据、科技文献和实验材料等领域，根据功能定位和建设运行标准，依托科研院所、高校建设一批面向中小企业的国家科技资源共享服务平台。二是推动选择性产业政策向普惠性创新政策转型。产业政策资源配置的标准由选择新“产业”改为扶持新“技术”，把财政补贴、税收优惠、信贷融资、资质认定等政策资源与企业技术创新挂钩，发挥普惠性创新政策的杠杆作用。三是发展多层次的科技金融服务体系。大力发展知识产权质押融资、发展科技金融专营机构，探索建立各类科技保险（高新技术企业产品研发责任险、关键研发设备险等多种险种），加大政策性银行对中小型科技企业的支持，设立专门从事科技金融服务的区域性科技银行。

第八章

加快新型智慧城市建设

一、我国新型智慧城市发展总体观瞻

（一）新型智慧城市的内涵特征

近年来我国智慧城市快速发展，成效显著。截至目前，我国智慧城市发展大体上经历了四个阶段：第一个阶段为探索实践期，从2008年底“智慧城市”概念的提出到2014年8月，主要特征是各部门、各地方按照自己的理解来推动智慧城市建设，相对分散和无序。第二个阶段为规范调整期，从2014年8月至2015年12月，主要特征是国家层面成立了“促进智慧城市健康发展部际协调工作组”，各部门不再单打独斗，开始协同指导地方智慧城市建设。第三个阶段为战略攻坚期，从2015年12月到2017年12月，主要特征是提出了“新型智慧城市”理念并将其上升为国家战略，智慧城市成为国家新型城镇化建设的重要抓手，重点以政务信息系统整合共享推动打破信息孤岛和数据分割。第四个阶段为全面发展期，从党的十九大召开到现在，主要特征是各地新型智慧城市建设加速落地，建设成果逐步向区县和农村延伸。党的十九大提出建设“智慧社会”，“智慧社会”是“智慧城市”概念的中国化和时代化，更加突出城乡统筹、城乡融合发展，为深入推进新型智慧城市建设指明了发展方向。

“新型智慧城市”第一次出现在中央政府文件中，是在2016年3月发布的《国民经济和社会发展第十三个五年规划纲要》“专栏13 新型城镇化建设重大工程”中“(四)智慧城市”的表述，提出要“建设一批新型示范性智慧城市”。在2016年10月9日中央政治局第三十六次集体学习中，习近平总书记指出，要“以推行电子政务、建设新型智慧城市等为抓手，以数据集中和共享为途径，建设全国一体化的国家大数据中心”。

笔者认为，“新型智慧城市”是适应我国国情实际提出的“智慧城市”概念的中国化表述；“新型智慧城市”是在现代信息社会条件下，针对城市经济、社会发展的现实需求，以提升人民群众的幸福感和满意度为核心，为提升城市发展方式的智慧化而开展的改革创新系统工程；新型智慧城市是落实国家新型城镇化战略规划，富有中国特色、体现新型政策机制和创新发展模式的智慧城市；新型智慧城市核心是以人为本，本质是改革创新（笔者建议，“新型智慧城市”英文应译为 Innovative Smarter City，而不应译为 New Smart City）。同一般性的“智慧城市”概念相比，我国的“新型智慧城市”概念更加注重以下几个特征：一是中国化。国外的智慧城市理念重在对“物”的管理，主要是推广物联网、云计算等信息技术产品，而我国的“新型智慧城市”建设核心是以“人”为本，基于我国“四化同步”的国情实际，服务于我国以人的城镇化为核心的新型城镇化进程，促进解决“三个一亿人”的综合承载问题，助力提升我国城镇化发展质量和水平。二是融合化。“新型智慧城市”要着力推进技术融合、数据融合和业务融合，着力打破信息孤岛和数据分割，打通数据共享和融合的“奇经八脉”，促进互联网、大数据、物联网、云计算、人工智能、区块链等新一代信息技术与城市管理服务相融合，提升城市治理和服务水平。三是协同化。“新型智慧城市”不是简单的城市内政府部门、业务条线的信息化，而是要通过互联互通、纵横联动，特别是城市层面的横向融通，协调城市治理的“五脏六腑”，促进实现跨层级、跨地域、跨系统、跨部门、跨业务的协同管理和服务，将过去各自为政、各行其是的“稳态”信息系统，打造成全程全时、全模式全响应、“牵一发而动全身”的“敏态”智慧系统，实现城市治理方式的智慧化。四是创新化。“新型智慧城市”的本质是利用新一代信息技术对城市进行重塑和再造，是利用现代信息技术与城市固有秩序和利益进行博弈，利用数据资源畅通流动、开放共享的属性，倒逼城市不合理的管理体制、治理结构、服务模式、产业布局变得更合理、透明、高效，从这个意义上说，凡是没有业务优化重塑再造、没有改革创新举措和发展实效突破的“智慧城市”都不是真正意义上的“新型智慧城市”。

经过不断的探索和实践，我国新型智慧城市建设持续深化，有效提高了城市管理科学化、精细化、智能化水平。建设新型智慧城市已经成为当今时代我国城市发展的新理念、城市运行的新模式、城市管理的新方式和城市建设的新机制。本章结合国家新型智慧城市建设评价工作，全面总结我国新型智慧城市的发展现状和特点，深入分析面临的瓶颈与问题，并提出相应的政策建议。

（二）我国新型智慧城市的发展现状

近年来，为推动我国新型智慧城市健康有序发展，各部门、各地方先后出台了一系列政策举措和战略部署优化发展环境。

一是国家层面高度重视。习近平总书记多次就智慧城市建设发表重要讲话，作出重要指示。国家层面陆续发布一系列相关政策文件，指导智慧城市建设。2014 年 8 月，由国家发展改革委牵头研究制定的《关于促进智慧城市健康发展的指导意见》经国务院同意正式发布，这是我国第一份对智慧城市建设作出全面部署的权威文件。2014 年 10 月，经国务院同意，成立了由国家发展改革委牵头、25 个部委组成的“促进智慧城市健康发展部际协调工作组”，工作组办公室设在国家发展改革委高技术产业司，国家信息中心智慧城市发展研究中心具体承担办公室秘书处职责。2015 年 12 月，根据国务院领导批示，原有的各部门司局级层面的协调工作组升级为由部级领导同志担任工作组成员的协调工作机制，工作组更名为“新型智慧城市建设部际协调工作组”，由国家发展改革委和中央网信办共同担任组长单位。近年来依托部际协调工作机制，各部委共同研究新型智慧城市建设过程中跨部门、跨行业的重大问题，推动出台智慧城市分领域建设相关政策（见表 8–1），我国新型智慧城市建设政策体系逐步健全。

表 8–1　2018 年以来中央及各部委出台的智慧城市相关文件

政策文件名称	文号	发文单位	发布时间
教育信息化 2.0 行动计划	教技〔2018〕6 号	教育部	2018 年 4 月
国务院办公厅关于促进“互联网 + 医疗健康”发展的意见	国办发〔2018〕26 号	国务院办公厅	2018 年 4 月

续表

政策文件名称	文号	发文单位	发布时间
关于深入开展“互联网＋医疗健康”便民惠民活动的通知	国卫规划发〔2018〕22号	国家卫生健康委员会 国家中医药管理局	2018年7月
关于继续开展新型智慧城市建设评价工作 深入推动新型智慧城市健康快速发展的通知	发改办高技〔2018〕1688号	国家发展改革委 中央网信办	2018年12月
2019年新型城镇化建设重点任务	发改规划〔2019〕617号	国家发展改革委	2019年3月
关于公布2019年度“智慧教育示范区”创建项目名单的通知	教技厅函〔2019〕52号	教育部	2019年5月
信息安全技术 智慧城市安全体系框架	GB/T 37971—2019	国家市场监督管理总局 中国国家标准化管理委员会	2019年8月
智慧城市 数据融合 第5部分：市政基础设施数据元素	GB/T 36625.5—2019	国家市场监督管理总局 中国国家标准化管理委员会	2019年8月
智慧城市 建筑及居住区综合服务平台通用技术要求	GB/T 38237—2019	国家市场监督管理总局 中国国家标准化管理委员会	2019年10月

二是地方层面积极推进。所有副省级以上城市、超过89%的地级及以上城市均提出建设智慧城市。国内各省市智慧城市建设的重点和发展路径各不相同，在发布实施智慧城市总体行动计划的同时，不断推进“智慧教育”“智慧医疗”“智慧交通”等具体领域实践，探索适合本地智慧城市建设的重点和发展路径。

三是持续开展国家新型智慧城市评价工作。2017年，国家发展改革委联合中央网信办、国家标准委制定《新型智慧城市评价指标（2016）》，全国220个地市参与了评价。2019年，在原有评价体系基础上修订形成《新型智慧城市评价指标（2018）》，评价工作旨在摸清智慧城市发展现状，为国家决策提供参考，为地方明确新型智慧城市工作方向、促进新型智慧城市经验共享和推广提供有力支撑。

国家新型智慧城市建设评价工作由新型智慧城市建设部际协调工作组办公室秘书处（国家信息中心智慧城市发展研究中心）协助国家发展改革委和中央网信办具体组织，各地通过部署在国家电子政务外网的评价填报系统，基于新型智慧城市评价指标，填报 8 项一级指标、24 项二级指标、52 项二级指标分项（除市民体验）数据。评价对象以地级及以上城市为主，2017 年评价完成率为 65.09%，2019 年评价完成率达到 81.36%，全国 271 个地市、4 个直辖市参与了评价。对比 2017 年和 2019 年评价，平均得分由 58.03 分上升至 68.16 分，涨幅达 17.46%。从各一级指标平均得分来看，惠民服务、精准治理、生态宜居、信息资源、改革创新领域平均得分都有所提升，智能设施领域平均得分略有下降（见图 8–1）。

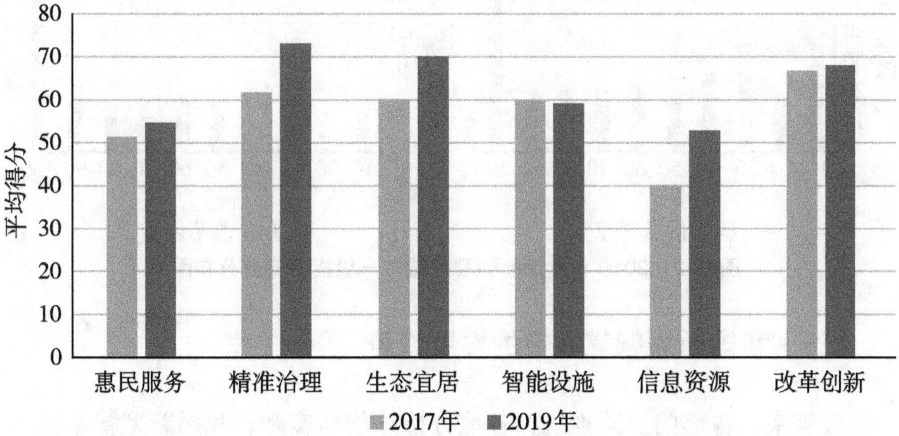

图 8–1　2017 年和 2019 年全国新型智慧城市评价结果

基于 2019 年评价数据，从重点领域来看（见图 8–2），惠民服务、精准治理、生态宜居、智能设施领域得分相对比较集中，差异系数较小，参评城市在这四个领域的发展水平较为均衡；信息资源领域的差异系数最大，达到 62.76%，表明与其他领域相比，全国不同地方对于信息资源共享和开发利用差异程度最大，是未来破解发展不充分、不均衡的重要内容之一。

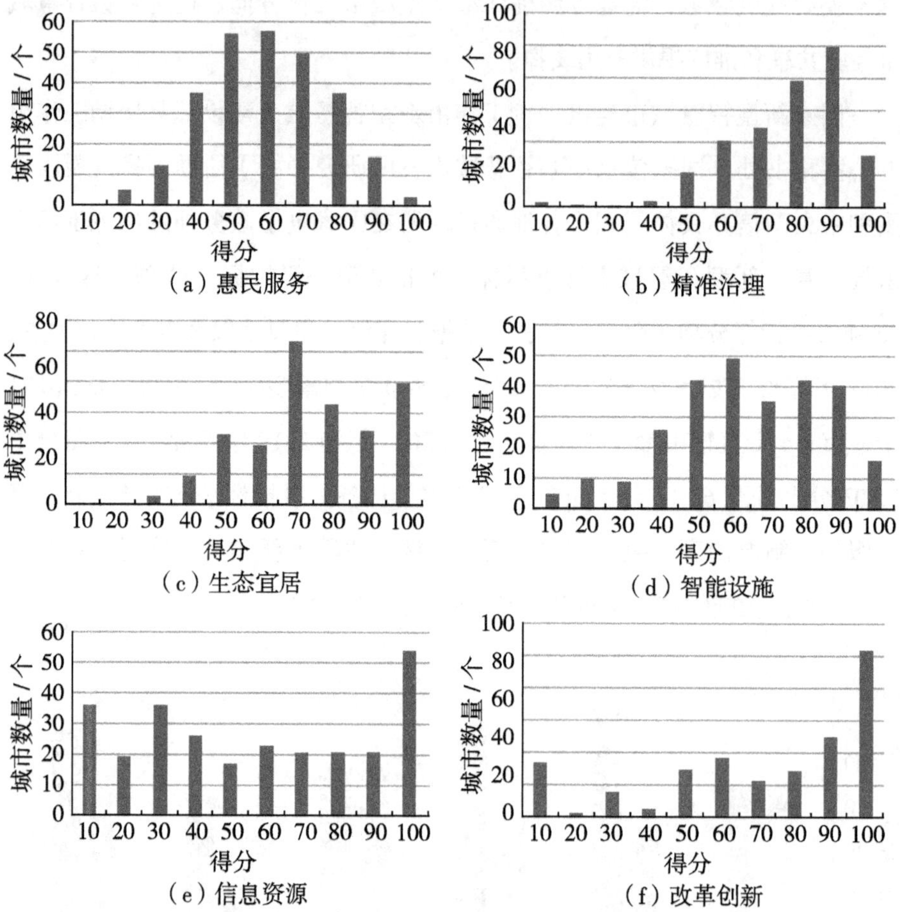

图 8-2　2019 年全国新型智慧城市一级指标得分分布图

（三）我国新型智慧城市的发展趋势

近年来，各部门协同推进，各地方持续创新实践，我国新型智慧城市建设取得了显著成效。城市服务质量、治理水平和运行效率得到比较大的提升，人民群众的获得感、幸福感、安全感不断增强。新型智慧城市建设在新冠肺炎疫情防控方面发挥了积极作用，多地通过网格化管理精密管控、大数据分析精准研判、移动终端联通民心、城市大脑综合指挥构筑起全方位、立体化的疫情防控和为民服务体系，显著提高了应对疫情的敏捷性和精准度。

新型智慧城市作为数字经济建设、新一代信息技术落地应用的重要载体，近年呈现出“六个转变”的趋势特征。

1. 发展阶段由准备期向起步期和成长期转变

按照《新型智慧城市评价指标》得分情况，可将我国新型智慧城市发展程度划分为准备期、起步期、成长期和成熟期四个阶段。2019 年我国新型智慧城市评价结果显示，和 2017 年相比，大量城市已经从新型智慧城市建设的准备期向起步期和成长期过渡（见图 8–3），处于起步期和成长期城市数量占比从 2017 年的 57.73% 增长到 80%，而处于准备期的城市数量占比则从 42.27% 下降到 11.64%，大部分城市的工作重心已经从整体规划向全面落地过渡。

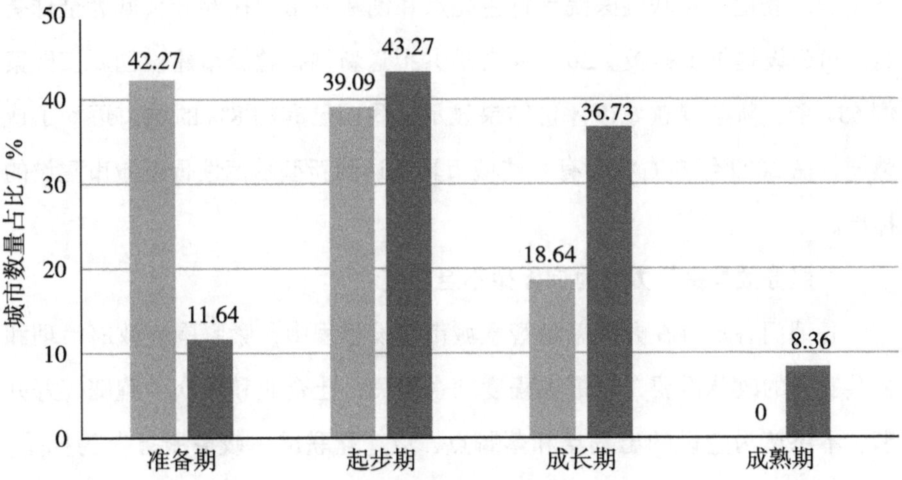

图 8–3 2017 年和 2019 年各发展阶段城市数量占比

一是我国新型智慧城市建设的城市数量多。智慧城市正在被越来越多的地市选择作为发展战略和工作重点。据统计，我国开展的智慧城市、信息惠民、信息消费等相关试点城市超过 500 个，超过 89% 的地级及以上城市、47% 的县级及以上城市均提出建设智慧城市，初步形成了长三角、珠三角等智慧城市群（带）发展态势。2019 年新型智慧城市评价结果显示，超过 88% 的参评城市已建立智慧城市统筹机制，进一步推动新型智慧城市建设落地实施。

二是我国新型智慧城市建设的发展潜力大。新型智慧城市建设为新型基础设施、卫星导航、物联网、智能交通、智能电网、云计算、软件服务等行业发展提供了新的发展契机，正逐渐成为拉动经济增长和高质量发展的一个增长极。随着政策红利的进一步释放、资金的大量投入，围绕智慧城市建设，在国内已经形成了一个庞大的以资本机构、咨询机构、ICT 及互联网企业组成的产业链条，初步形成了“政产研学用”五位一体全面推动的局面。

三是我国新型智慧城市建设的创新实践多。经过多年的智慧城市建设和创新发展，涌现出了一批城市大脑、“最多跑一次”、城市运行管理中心、数据资产登记、互联网医院等特色亮点和创新应用，在部分领域为全球智慧城市建设提供了样板。2019 年各地共报送新型智慧城市建设创新实践案例 531 个，新型智慧城市评价结果显示，我国已有超 8% 的城市迈入了成熟期，在 2022 年左右将会有一些城市真正达到新型示范性智慧城市建设的标准。

2. 服务效果由尽力而为向无微不至转变

各部门各地方在开展新型智慧城市建设过程中，紧紧围绕政府治理和公共服务的改革需要，以最大程度利企便民，让企业和群众少跑腿、好办事、不添堵为建设的出发点和落脚点，以“互联网 + 政务服务”为抓手，聚焦解决人民群众最关注的热点难点焦点问题，通过政府角色转变、服务方式优化，让企业和群众到政府办事像“网购”一样方便，人民群众的满意度大幅提升。

一方面，服务方式实现由分散服务向协同服务转变。各地加大简政放权力度，大力推广以居民身份证号码或法人和其他组织统一社会信用代码为唯一标识的电子证照应用，广为诟病的奇葩证明基本消失，行政审批时限大幅压缩。通过开设政府服务大厅、整合服务资源等方式，变“群众来回跑”为“部门协同办”，变“被动服务”为“主动服务”，实现政务服务“只进一扇门”、异地办和就近办。此外，在新冠肺炎疫情防控期间，江浙等地方为了帮助企业复工复产，派出专人驻企解决用工难、资金短缺、物流不畅等难题，主动服务、上门服务成为新时代政府服务新常态。

另一方面，服务途径实现由网上办理向指尖办理转变。截至 2019 年 6 月，我国 31 个省（自治区、直辖市）及新疆生产建设兵团和 40 多个国务院部门已全部开通网上政务服务平台，初步建成了全国一体化在线政务服务平台体系。比如，浙江省市县三级政务服务事项网上可办比例达 95.2%。此外，通过开发政务 App、普及自助终端，越来越多的事项可以通过小程序、App、自助终端等渠道“指尖触达”，群众刷刷脸、动动手指，就可享受随手办、随时办、随地办的便捷体验。

与 2017 年国家新型智慧城市评价相比，2019 年评价中市民评价权重从 20% 提升到 40%，民众满意度已成为检验新型智慧城市工作成效的重要标准。2019 年新型智慧城市评价结果显示，与 2017 年相比，全国惠民服务领域平均得分提高了 6.08%，而市民评价平均得分则提高了 25.55%，充分体现了政府抓住“惠民服务”这个关键开展工作取得的杠杆倍增效应。

3. 治理模式由单向管理向双向互动转变

新型智慧城市建设改变了城市治理的技术环境及条件，从“依靠群众、专群结合”的“雪亮工程”到“联防联控、群防群控”的社区网格化管理，从“人人参与、自觉维护”的数字城市管理到“群众监督、人人有责”的生态环境整治，新型智慧城市在解决城市治理问题的同时，深刻改变着城市的治理理念，推动城市治理模式从单向管理转向双向互动，从单纯的政府监管向更加注重社会协同治理转变。

一是政民双向互动的手段更加多元。推动城市管理向城市治理转变，需要发挥人民群众的主观能动性，双向互动渠道的通畅性、易用性将直接影响城市治理的效果。截至 2019 年 6 月，除了传统的热线、门户网站等渠道，我国 297 个地级行政区政府已开通了面向公众的微信、微博、移动 App

等新媒体传播渠道，总体覆盖率达 88.9% 。移动互联网已成为更广泛、更方便、更快捷地收集和掌握社情民意，听民声、知民情、解民忧、聚民智的新阵地。

二是信息物理融合的范围更加广泛。新型智慧城市的建设加速了虚拟网络空间与实体物理空间持续双向映射与深度耦合，物联网将城市融为一体，通过城市基础设施数字化感知、运行状态可视化展示、发展趋势智能化仿真等，实现政府决策的科学化。如雄安新区坚持数字城市与现实城市同步规划、同步建设，通过在“数字孪生城市”上规划设计、模拟仿真等，将城市可能产生的不良影响、矛盾冲突、潜在危险进行智能预警，以未来视角智能干预城市原有发展轨迹和运行，进而指引和优化实体城市的规划、管理、改善市民服务供给，打造全球领先的数字城市。

三是社会协同治理的成效更加明显。随着新型智慧城市建设的推进，城市管理“随手拍”、交警 App“违法举报”、社区网格化管理等一批政民互动、群防群治创新应用有效提升了城市治理能力和精细化水平。近年来，“朝阳群众”“西城大妈”成为社会协同治理的佳话，朝阳区发案总量、可防性案件双下降，社会治安形势持续向好，群众安全感从 2013 年的 88.2%，提升到 2021 年的 98.6%。在新冠肺炎疫情防控期间，社区网格化管理构建了基层防控的“天罗地网”，提高了人员管控的精准性。

4. 数据资源由条线为主向条块结合转变

新型智慧城市建设的核心是要推进技术融合、业务融合、数据融合，实现跨层级、跨地域、跨系统、跨部门、跨业务的协同管理和服务。其中，数据资源的融合共享和开发利用是关键，大数据将驱动智慧城市变革。围绕消除“数据烟囱”，我国先后通过“抓统筹、出办法、建平台、打基础、促应用”等方式，积极推动跨层级、跨部门政务数据共享。

一是加强了政务数据资源统筹的力度。国家层面，成立了“促进大数据发展部际联席会议”制度，建立了“国家大数据发展专家咨询委员会”，加强了跨部门之间的政策衔接和业务指导，初步形成了齐抓共管、多元协同的发展格局。地方层面，自2018年政府机构改革以来，已有25个省级地方以大数据管理局、政务服务数据管理局和大数据管理中心等形式组建了大数据管理机构，统筹推进各地政务数据管理工作。新型智慧城市评价结果显示，统筹机制的建立对于促进数据资源共享具有积极作用。

二是建立了国家省市三级数据共享交换体系。围绕破解互联互通难、数据共享难、业务协同难等长期顽疾，以政务信息系统整合共享为抓手，以“互联网＋政务服务”应用为牵引，我国从网络、数据、平台三个方面发力，为政务数据共享奠定良好基础。网络方面，国家电子政务外网建设不断完善，推动政务外网部门间的横向连接和纵向覆盖，实现了71个部门、32个地方的网络连通。数据方面，政务信息资源目录体系基本建立，实现基于国家数据共享交换平台的政务信息资源共享目录动态更新和在线管理。平台方面，依托电子政务外网，全国政务信息共享网站上线运行，打造了全国一体化数据共享交换平台体系。截至2018年底，全国政务信息共享平台开通了超过1 000项面向全国的数据共享服务接口，数据共享交换量已超过360亿条次。

三是形成了“城市大脑”等一批数据融合应用创新实践。智慧城市建设是一个综合性复杂巨系统，通过城市数据共享交换平台，建设综合性城市管理数据库，结合地理信息和人工智能等信息技术应用，将建筑、街道、管网、环境、交通、人口、经济等方面实时运行情况用数据反映出来，推动形成用数据说话、用数据决策、用数据管理、用数据创新的城市管理新方式。如杭州“城市大脑”的应用，通过对城市运行状态的全局分析，智能干预城市交通系统，实现城市交通运转效率的大幅提升。

5. 数字科技由单项应用向集成融合转变

当前，以物联网、云计算、大数据、人工智能、区块链等为代表的新一代信息技术不断成熟，加速在新型智慧城市建设过程中广泛渗透应用，催生了数字化、网络化、信息化、智慧化的公共服务新模式和城市治理新理念。数字科技在新型智慧城市的交叉融合与推广应用，改变了传统以互联网为主的单项应用局面，推动新型智慧城市加速发展。

一是新技术融合应用开拓社会治理新局面。随着北斗导航卫星的持续部署和无人机技术的不断完善，部分城市探索利用无人机等新型移动终端用于城市治理，通过加装摄像头、传感器和无线通信模块，实现高空城市影像采集和环境监测，拓展了城市治理空间。例如，深圳龙岗区大力推广高端无人机查违，对楼顶、房屋进行监测，实时对违章建筑进行视频采集取证，并回传到执法人员的手机、电脑端，改变了传统巡查防控方式，实现了“天上看、地上巡、网上查”的目标。又如人工智能与大数据结合，打造便捷生活新体验，浙江杭州、衢州引进 AI 机器人助力“最多跑一次”业务，办事群众满意率高达 94.7%。

二是新媒体广泛应用开启政务服务新风尚。近年来，短视频等新媒体蓬勃发展，用户规模飞速攀升，社会影响力与日俱增。据统计，截至 2019 年 6 月，中国短视频用户规模为 6.48 亿，占网民整体的 75.8%。各级政府部门和各大主流媒体纷纷在短视频平台开设账号，在开展信息服务的同时，以轻松活泼的方式拉近了与民众之间的距离。“共青团中央”“北京 SWAT”“四平警事”等政务短视频号受到了年轻用户的普遍青睐。其中，“四平警事”原创系列普法视频在全国引起了强烈反响，有效提高了群众安全防范意识，充分发挥了新媒体在新时期公安宣传工作中的重要作用。

三是新需求不断涌现拓展技术发展新空间。在新型智慧城市建设过程中，多方数据可信交换需求广泛存在。区块链技术能有效促进新型智慧城市信息共享与利用。由于每个区块链应用底层框架共识算法、传输机制和开发工具不同，导致不同框架间难以有效进行跨链数据交换，往往一个新的区块链应用上线，某种程度上意味着一个“新数据孤岛”的产生。区块链服务网络通过建立区块链底层框架适配标准，开展了国内外主流区块链底层框架适配研究和部署，破解了跨链数据共享难题，将为我国新型智慧城市发展提供高质量、定制化的技术平台支撑和可信、可靠、可扩展的基础设施服务载体。

6. 监管模式由政府主导向多元合作转变

当前，我国智慧城市建设进入快速发展期，庞大的资金需求为传统政府主导的智慧城市建设模式带来了严峻考验。为充分发挥社会企业专业力量强、资金存量多、人才储备足等优势，国家新型智慧城市评价鼓励政府和社会资本合作开展智慧城市建设和第三方运营，推动新型智慧城市建设逐步从政府主导单一模式向社会资本方共同参与、联合建设运营的多元化模式转变。

一方面，我国 PPP 模式转入健康发展道路。2014 年以来国家陆续出台了多项 PPP 政策性文件，鼓励社会资本参与公共服务领域投资。

另一方面，部分地市探索引入 PPP 模式推动智慧城市建设运营。在开展新型智慧城市 PPP 建设运营时，投资与运营模式至关重要。通常由政府出资方和社会资本方共同出资成立特殊项目公司（SPV）来具体操作项目的投融资、建设和本地化长效运营。如湘潭智慧城市 SPV 公司为湘潭新型智慧城市建设提供顶层规划、项目投资融资、项目建设、项目运营维护等一揽子服务。通过 PPP 模式，实现经营性项目与公益性项目捆绑开发，降低政府的财政支出压力的同时，有效缓解了社会资本方对非经营性项目参与度不足等问题，全面推动湘潭市新型智慧城市建设。

（四）我国新型智慧城市建设存在的短板弱项

综合来看，我国新型智慧城市建设取得了积极成效，但也面临顶层设计不强、城市数据融合和治理联动不够、城乡与区域发展不均衡、智慧城市发展生态未形成等问题，需要有针对性地进行完善，推动我国新型智慧城市建设持续健康发展。此外，新冠肺炎疫情也暴露出我国智慧城市建设的不少问题，集中体现在城市治理等领域，产生了许多值得总结的经验教训。

1. 新型智慧城市顶层设计亟待加强

新型智慧城市是一个要素复杂、应用多样、相互作用、不断演化的综合性复杂巨系统，要进行整体规划设计。虽然地方对于新型智慧城市建设有足够的自主权和能动性，也取得了一定的实践经验与成效，但是国家、省级政府等仍急需强化一体化设计，引导城市因地制宜做好规划衔接，避免不科学、盲目谋划而造成资源浪费。要按照系统科学方法论，进一步建立和完善适应我国新型智慧城市“三融五跨”[①] 发展目标的智慧城市顶层设计方法论，解决智慧城市各层级、各系统之间的数据融合、信息共享和业务协同机制，重点解决各系统之间的衔接配合与关联约束关系，用系统科学的方法指导智慧城市的复杂巨系统规划设计，提高顶层设计的科学性、规范性和可操作性。在法律法规上，目前对数据资源的所有权、管理权、使用权、定价机制等没有明确规定，部门政务数据的权责利益边界模糊，制约了数据资源的流动、共享和开放。同时随着数字经济新技术、新应用、新场景、新业态的发展，跨层级、跨地域、跨行业、跨业务的数据共享需求与日俱增，亟待制定统一的规则框架，完善涵盖技术、管理、监督、安全等方面的标准体系。

2. 城市数据融合和协调联动不足

地方城市结合新型智慧城市建设，在公共管理和服务的线上化方面做了很多工作，但治理联动不足的问题仍普遍存在。一方面因为机制不健全、技术标准和路径不统一、管理边界不明确等，使得线上与线下管理存在“衔接缝隙”，产生服务真空区，例如存在线上领取验证码但线下仍要排队的现象。另一方面由于部门数据、行业数据等城市数据融合不足问题，导致协同治理能力难以提升，本次疫情防控中，突出表现在一些城市医疗资源、防疫物资、企业产能数据严重缺失，需要靠企业和主管部门通过台账等传统手段临时报数，缺乏统一的数据平台支撑，疫情不清、信息僵化、重复采集、联结用户少、应用较孤立等问题突出，无法支撑防疫指挥机关进行有效调配，疫情发生后一度形成了群众就诊拥挤、物资调配混乱等情

① 指技术融合、业务融合、数据融合，实现跨层级、跨地域、跨系统、跨部门、跨业务。

况。受制于不同区域智慧城市业务系统的分割和隔离，跨地域业务协同不够，导致无法及时掌握和预警某些重点监控人员的跨区域流动信息，给全国范围的疫情防控带来不利影响。

3. 城乡和区域发展不均衡较为明显

当前，我国新型智慧城市建设还存在城乡发展不均衡、区域发展不均衡等问题。一是目前各地纷纷优先推进城市主城区的智慧化，一定程度缓解了城市交通、教育、就业、医疗等公共服务质量不高等问题，但向农村地区延伸有限，数字乡村建设相对滞后。部分农村由于区域广阔、地形复杂、交通不便，宽带网络和高速无线网络接入还未完全覆盖，信息化建设存在不少“盲点”和“盲区”。农村公共服务供给也存在缺口大、碎片化和稳定性差等一系列“短板”，管理模式总体较为粗放，资金、技术、人员等要素流动不畅。二是新型智慧城市区域发展仍不均衡。根据2019年全国新型智慧城市评价结果，东中西与东北四大板块评价表现差异明显。其中，东部地区和中部地区新型智慧城市发展相对较好，均超过全国平均得分4%以上，东北地区和西部地区新型智慧城市发展存在一定差距，均低于全国平均得分4%以上。各领域中，四大板块间的信息资源共享与开发利用差异最为显著，东部板块平均得分最高，是得分最低板块的两倍多。例如在新冠肺炎疫情防控期间，先进城市已经广泛通过智慧城市开展数字化、无人化的防疫工作，而落后地区还在使用手工台账记录信息、派遣工作人员上门巡防，既降低了工作效率，还造成了严重的传染隐患。

4. 尚未形成新型智慧城市共建生态

新型智慧城市建设与发展是一项政府引导、全民参与、政企合作、多方共建的系统工程，发挥市场配置资源决定性作用、鼓励社会多元参与成为新型智慧城市可持续发展的关键，也是建设新型智慧城市生态成为未来重点方向。目前还存在以下问题亟待解决。一是社会资本参与智慧城市建设不足。从2019年新型智慧城市评价结果看，目前我国有三分之一的城市还未引进任何第三方机构开展智慧城市运营管理。二是智慧城市领域PPP

模式还不成熟。智慧城市建设PPP项目往往缺少明确的收益时间、收益标准和验收标准，企业的收益存在不明确性，风险较大、积极性不高。

（五）新时期推进我国新型智慧城市建设的政策建议

智慧社会的美好生活场景值得期待，未来推动我国新型智慧城市发展，需要以建设智慧社会为目标，紧紧围绕统筹推进"五位一体"总体布局和协调推进"四个全面"战略布局，牢固树立新发展理念，坚持智慧城市、数字乡村一体化统筹发展，技术与制度创新并重，通过数据融合汇聚和共享开放，充分挖掘城市数据资源的价值，并助力城市治理、公共服务和科学决策等，使得智慧城市建设成效得以大幅提升。

1. 强化新型智慧城市顶层设计

一是建议尽快出台国家层面的新型智慧城市总体规划或建设指导意见，阐明我国新型智慧城市的推进思路、发展目标、重点任务和保障措施等，为今后一段时间里我国新型智慧城市建设发展指明方向、描绘蓝图，并提供更加具有操作性的建设指导。二是进一步加强国家和省市县各层面的体制机制建设，搭建上下联动、横向畅通的智慧城市组织推进机制，各地建设跨部门协调机构，协同推进新型智慧城市相关工作。三是强化评价监测引导。在现有新型智慧城市评价工作基础上，进一步扩展指标的适用范围，深化指标体系的科学性和实效性，全面系统地掌握我国各地域、各层面新型智慧城市建设发展情况，为中央和地方决策提供有价值的参考。

2. 完善新型数字基础设施

一是推动信息网络逐步向人与人、人与物、物与物共享的泛在网方向演进，促进信息网络智能化、泛在化和服务化，促进通信移动化和移动通信宽带化推动计算、软件、数据、连接无处不在。推动5G、NB-IoT（窄带物联网）等下一代网络技术不断演进，促进高速宽带无线通信全覆盖。二是加快推进基础设施的智能化，大力发展智慧管网、智慧水务，推动智慧灯杆、智慧井盖等应用，促进市政设施智慧化，加速建立城市部件物联网感知体系，提高城市数字化水平。

3. 推进公共服务公平普惠

一是充分利用互联网、云计算、大数据、人工智能等新一代信息技术，建立跨部门跨地区业务协同、共建共享的公共服务信息体系，探索创新发展教育、就业、社保、养老、医疗和文化的服务模式，提供便捷化、一体化、主动化的公共服务。二是从社会发展全局出发加强顶层设计，构建以东促西、以城带乡、以强扶弱的新格局，为解决发展不平衡问题提供契机和动力。缩小城乡数字鸿沟，鼓励农村贫困地区利用信息技术补齐发展短板。缩小不同人群数字鸿沟。鼓励相关企业积极投入信息无障碍产业链，补齐服务缺失短板。

4. 深化城市数据融合应用

一是着力推进城市数据汇聚，构建高效智能的城市中枢和透明政府。推动各级政府开展以数据为核心的“城市大脑”建设，实现城市各类数据集中融合汇聚和综合智能分析，建立健全数据辅助决策的机制，推动形成“用数据说话、用数据决策、用数据管理、用数据创新”的政府决策新方式，同时提高政府对风险因素的感知、预测、防范能力。对于类似医疗资源、防疫物资等应急处突数据资源，要制定专项政策强制采集汇聚，提升我国整体应急能力。二是完善社会信用体系建设，并加快推动政务数据上链，构建“可信中国”，让所有政务数据可追溯、不可篡改，提高政府公信力，打造民众可信赖的透明政府。

5. 优化新型智慧城市生态

一是通过政府引导，鼓励政企合作、多方参与，创新智慧城市建设运营模式，实现智慧城市建设项目的可持续健康运营，着力提高民众体验的满意度。同时通过体制机制创新，形成数据治理、数据开发的数据安全利用机制，释放城市数据要素活力。二是发展新型智慧城市群。面向数据跨地域协同的实际需求，结合我国城市群（带）发展和城乡一体化发展的战略规划，率先推动在长三角、大湾区等区域建设特色鲜明的智慧城市群

（带），实现邻近区域的数据打通和业务协同，促进城乡数据公共服务的均等普惠，将若干中心城市的先进治理能力扩展到整个区域，实现大区域范围内的综合治理和应急处突能力整体提升。三是推动国际交流合作。推动我国新型智慧城市产品和理念在国外的推广实施，积极培育当地的数字经济市场，在国际舞台上积极推广我国新型智慧城市建设成效，提升我国相关产业的全球竞争力。

二、后疫情时代新型智慧城市建设情况分析

智慧城市的概念诞生于2008年底。2009年开始，中国的智慧城市建设和发展也正式拉开了帷幕。智慧城市的服务对象、服务内容非常广泛，但核心主线是“利用信息通信技术”提升城市服务质量。客观地看，中国这些年来对智慧城市发展历程的探索，仍然只是一个短暂的实验阶段。可以说，智慧城市在中国依然还未走出“盲人摸象”的过程。

（一）三大核心问题有待解决

智慧城市到底是什么？智慧社会、智慧城市、数字乡村等概念怎么才能更好地融合？智慧城市的理念和内涵极其宽泛，互联互通、信息共享、业务协同等方面真正破题的还很少。总体来看，智慧城市在深化发展中面临三大核心问题。

第一，缺乏对智慧城市理念、内涵的科学统一认识。站在不同的视角看智慧城市，就像盲人摸象一样，有人看到的是数字政府、城市治理，有人看到的是新基建、惠民服务，有人看到的是产业经济、5G、区块链……那么智慧城市的理念和内涵到底是什么？在国际上，ITU-T（国际电联电信标准化部门）、ISO（国际标准化组织）都提出了各自有关智慧城市的定义。2014年，国家新型城镇化规划提到推进智慧城市建设的内容。智慧城市的

重点方向需要不断拓展完善，现阶段要牢牢抓住“六化”（即信息网络宽带化、基础设施智能化、规划设计数字化、公共服务便捷化、社会治理精准化、产业发展现代化）。

2016 年之后，国家提出新型智慧城市概念，强调以数据为驱动、以人为本、统筹集约、注重实效。信息共享方式从运动式向依职能共享转变，推进方式逐步形成政府指导、市场主导的格局。未来 10 年，智慧城市的内涵将从信息通信技术为主融合跨界到政治、法律、管理制度、流程规范中，并从这些方面得到支撑和保障。由此可见，随着智慧城市建设的深化和发展，对于智慧城市的理念和内涵的认识也将逐步深化。

第二，缺乏有效的智慧城市顶层设计理论和方法。过去，电子政务是以中央部委和各个地方的部门为单位来开展建设。2002 年定义的“两网一站四库十二金系统”，就是以中央政府的十二个纵向条线的垂直系统来建设电子政务。

今天，大家越来越认识到智慧城市是一个开放复杂巨系统。智慧城市是以城市为载体、横向进行的一种建设，要从过去的纵强横弱转变为纵强横也强，要横向畅通，涵盖城市所有角落、每个部门、每个区县。不能够简单说水务做好了，城管做好了，就是智慧城市。智慧城市是一个全局优化工程，要站在城市全局维度上实现全局最优、经济最优、治理最优、民生最优、产业最优。但每个部门和局部可能不一定是最优的，因为全局最优不等于局部最优的组合。要实现整体最优，需要在各个部门之间进行利益重组，特别是以数据和信息为代表的利益、权力、资源配置重组，所以需要一个更好的复杂巨系统的理论和方法。

强化智慧城市的顶层设计，需要尽快出台国家层面的新时期新型智慧城市建设的指导意见，阐明我国新型智慧城市的推进思路、发展目标、重点任务、保障措施、改革要求等，为今后一段时间里我国新型智慧城市建设发展指明方向、描绘蓝图，并通过国家新型智慧城市评价等方式来提供更加具有操作性的建设指导。

第三，缺乏可持续性的动力机制和长效运营发展模式。目前，我国新型智慧城市建设进步迅速，“云战疫”“健康码”“云监工”等成为疫情防控的利器。但是，实践中也暴露出不少短板。如果只是建设智慧城市，却不能够有效运营，不能够用智慧城市的杠杆去带动数字经济，这样的智慧城市建设在中国是不可持续的。因此，智慧城市需要探索如何长效发展。

（二）四大发展不协调有待优化

除了三大核心问题，智慧城市的发展有四大不协调的具体表现。

第一，技术走在管理前面。技术发展非常快，但是政府和一些行业部门的管理能力滞后是短板。技术已经发展到了信息时代，物联网、云计算、大数据、人工智能、宽带城市、智能制造、“互联网+”、信息消费、信息惠民、量子科技等层出不穷。人工智能成为新的生产力，区块链成为新的生产关系，数据成为新的生产资料和生产要素，云计算成为新的生产工具，5G、物联网成为新的生产环境，软件和算法正定义新的生产方式，但很多管理者仍然停留在农业时代或者是工业时代的思维里。智慧城市不应该是技术驱动，应该是业务驱动。技术只是手段，最终应带来城市各方面管理能力的提升，社会文明素质的提升，这是根本要义。智慧城市要解决技术和管理如何同步的问题，需要让大数据管理部门拥有充分的信息和数据管理权利，大数据管理事关未来所有城市的大局。

第二，实践走在政策前面。技术应用推进得非常快，但政策上还有很多的规则需要重新设计。例如对数据的管理规则，谁代表政府来管理所有的委办局汇集起来的政务大数据？数据所有权解决之后，再探讨它的使用权。如何通过运营公司跟其他企业分门别类地推动建设，把数据从资源变成资产、变成资本？如何交易？怎样用它获利？目前相关政策和规范体系还有非常大的完善空间。

第三，企业走在政府前面。很多智慧城市建设得有效果，是有企业不遗余力地作为火车头带动的结果，但走得很艰难，也不容易持久。当前很多政府部门认为信息化建设改变了过去的工作范式，要适应很多新东西比较麻烦，行动不积极。所以，政府如何在当前信息化浪潮中真正地提高每位公务员、每位行政事业单位人员的信息能力和信息素质，是极为重要的。否则，有再好的平台，但仍然用老的方式做，智慧城市就永远无法达成。

第四，建设走在运营前面。目前我国的智慧城市建设基本上是以建为主，缺乏运营思维。未来的智慧城市建设，第一位的规划是运营规划。如果没有想清楚未来谁来运营、怎么运营、怎么增值的话，那宁可就不要建。没有以终为始的设计，盲目进行项目建设、技术推动，未来会存在资源重复建设、铺张浪费甚至没有效果的潜在风险。

（三）后疫情时代智慧城市建设亟须在五方面发力

过去的 20 年是中国互联网产业、应用、技术不断惊艳世界的 20 年。未来 20 年，抓住发展机遇，与时代同频共振，城市智慧化将持续惊艳世界。互联网将从信息互联网、消费互联网转向价值互联网和产业互联网。从“互联网 +”转向“智慧 +”，是一个必然的发展趋势。特别是这几年的新冠肺炎疫情，不仅成为数字化快速推进的重要机遇，而且完成了全中国数字化的概念普及。后疫情时代需要从以下五个方面发力来推动智慧城市发展。

第一，需求上，去虚向实、去伪存真。智慧城市要解决真问题、真痛点、真需求。过去在电子政务和行业信息化方面，有很多弱需求、伪需求，说起来很好，最后却没有效果，很多项目往往在验收之日、竣工之日就是这个系统死亡之时。所以智慧城市一定要变成城市生命体的一部分，能够持续地发挥它对需求的适配作用。

第二，使命上，以人为本、开放惠民。智慧城市建设要以民众需求作为第一出发点。没有个人和企业的参与，没有来自个人和企业的需求，就没有智慧城市。智慧城市未来的深度设计、深入开发、深度运营，要进一步挖掘个人和企业的需求，惠及千家万户。

第三，价值上，效果导向、效益导向。过去太多的智慧城市项目没有直接的项目效果，没有显著的经济和社会效益，这需要重点转变。

第四，品质上，平战结合、聪慧敏捷。智慧城市的数据，应该是实时的数据。不只是平时可以做一些可视化的展示，更重要的是要做一些实时的决策指挥、应急管理，真正实现牵一发动全身的敏态管理。

第五，形态上，以终为始、长效运营。智慧城市如果仅靠财政部门拨付的固定的或者逐年削减的运营经费来运营，那么这种模式一定是不可持续的。一定要通过智慧城市运营、数据的运营，形成产业收费、效果收费，对经济持续拉动、自我造血，构成良好的内循环。

（四）新型智慧城市未来发展的六个关键启示

第一，智慧城市要面向运营，而不是简单地建设。未来的规划建设一定要以运营为主，有内生的造血功能，才能够行稳致远，否则可能昙花一现。如何能真正走得远？要有运营的模式，要有内生动力机制。人民城市人民建，人民城市为人民。不管谁当领导，这个系统都在转。通过这样的运转才能真正带来产业发展。过去智慧城市经常会受到批评，就是因为它只花钱而带不来产业。所以未来智慧城市再往前发展，必须要将数据的运营、服务的运营、产业的运营打造形成未来的纵向的信息服务业，形成智慧城市运营商，形成智慧城市运营业和服务业。

第二，智慧城市不是城市的简单信息化。它基于信息化又高于信息化，是城市发展方式的智慧化，是新一代信息技术对城市的发展范式进行重塑和再造。

如果只是把原有的模式用数字化改造一遍，还是原有系统的加固，这不是智慧城市。智慧城市是要用技术来倒逼城市一些不合理的秩序重新构建。它本质上是改革创新系统工程，要以自我革命的精神进行场景再造、业务再造、管理再造和服务再造。因此，要用更广义的思维去考虑未来的智慧城市建设，不能简单只是数字化，只是技术赋能。技术的背后要为民众的衣食住行、生老病死、安居乐业提供直接服务。

第三，未来的发展应该以需求为导向。过去是站在政府侧服务端考虑民众需求，现在要做供给侧改革，用民众的需求来决定智慧城市做什么、建什么、怎么做、怎么建、怎么管。如同今天智能制造的 C2M（Customer-to-Manufacturer，用户直连制造），客户需要什么样的衬衫，厂家才制造什么样的衬衫，并且做到零库存。未来的智慧城市也要读懂用户的需求，从设计上说是要翻转过来，以用户为主导和切入点来决定城市的平台提供什么样的功能和服务。

第四，从纵向垂直到横向融通的转变，进一步提升横向管理协调机制。智慧城市不只是做纵向系统建设，还要横向打通各个部门之间的壁垒来为城市的发展服务。把过去中央各部门的纵向垂直系统，与今天城市横向融通的建设，衔接和配合好。既要符合中央部门的一些纵向管理要求，同时要最大限度地为地方的经济社会提供服务。

各地方城市要进一步提升横向管理协调机制。新型智慧城市不是要求每个政府部门按纵向去加固，而是在城市级横面上实现统筹，实现业务协同。新型智慧城市建设的进度和水准要与城市级的管理协调水平相匹配。赋予多大的统筹协调能力，才能做多大的新型智慧城市。如果不适配，最后肯定会出现前文谈到的四个不协调的问题。要强化横向管理协调机制的建设，就是要进一步加强智慧城市建设运营的主管部门和各部门各区县联动的机制。这种联动的机制包括资金、项目、人才和运营方式的联动。统筹协调能力提升了，技术平台才能真正地实现应用层面上的效果提升。这就是大城市宜做“小智慧”，小城市宜做“大智慧”。如果城市级的管理协调机制建设不到位，就不要大面积进行所谓的新型智慧城市建设，做得越多可能未来就错得越多，或者未来整合的时候难度越大。

第五，新型智慧城市是构建敏态系统，用数据驱动来实现全程、全时、全模式、全响应的灵活敏捷。这与过去那种各行其是、各自为政、分兵把守的模式有根本不同。过去城市一条道路塌陷，市政府领导要把十多个委办局的领导叫在一起开协商会。这是因为路面塌陷涉及的管线问题，其数据存储在不同部门，领导班子要进行集体协商。现在新型智慧城市通过整合所有部门数据构建起联动机制，可以快速妥善处理。所以新型智慧城市下一步要实现敏态系统，打通数据血液，更好地联动应用需求，打造核心动力。城市要牵一发动全身，动态地为市政府和市民提供需要的数据，把复杂留给系统，把简单留给用户，灵活敏捷，精准管理。

第六，城市是一个有机体、生命体和智能体，它不断生长持续演化。新型智慧城市建设不可能一蹴而就。没有最智慧只有更智慧。要把握城市发展规律和生命体征，坚持系统性谋划、革命性再造、持久性攻坚，加强顶层设计，聚焦重点难点，创新推进机制，长效持续发展。新型智慧城市，首先要读懂城市，用生命的观点、发展的观点来看待城市的持续演化。现在上百个城市在建设“城市大脑”，在这个过程中，要有清晰的城市生命认知，不能以为建一个数据中心、建点所谓的模型、建点场景就是“大脑”，就是新型智慧城市。“大脑”代表数据集中、算法集中和模型集中，但除了大脑的中枢系统以外，末梢神经单元是否能够更加智能？边缘计算、区块链、其他的一些运动神经系统的能力是否足够？新型智慧城市不只是建一个大集中的智能中枢，而是到了区县，到了终端，到了场景，到了工业现场的本地化以后，它是不是智能的，是不是高效的，是不是协同的。把所有的数据、所有的功能全部集中在一个“城市大脑”上，但是没有肢体，没有神经，没有终端，这就不是有机体，更不是智能体。所以要通过各层面，包括应用来实现一种整体性的建设，实现更好的协调。

数字决定命运，智慧引领未来。新型智慧城市将通过更多的数据汇聚，包括经验汇聚、方法汇聚，来实现更好的感知、协同、洞察和创新，实现城市治理模式突破、产业模式突破、服务模式突破和发展理念突破，发挥智慧的真正价值。新型智慧城市建设是一个系统工程，通过科学施策、循序渐进、久久为功，未来城市一定会更加美好。

第九章

创新新型智慧城市建设与运营

一、新型智慧城市中枢系统的建设与运营

（一）新型智慧城市中枢系统的概念内涵

新型智慧城市中枢系统的概念可追溯至2015年底国家信息中心智慧城市发展研究中心在研究编制《沈阳市智慧城市总体规划（2016—2020年）》和《苏州工业园区信息化建设发展“十三五”规划》时提出的“智心-智脑”，通过构建城市大数据，利用人工智能等技术构建城市模型，推动跨部门协同和城市协同治理。2016年阿里巴巴正式提出“城市大脑”概念，并与杭州政府合力推动杭州城市大脑项目落地实施，完成新型智慧城市中枢系统的具象化和产品化。当前，业界对于新型智慧城市中枢系统尚无统一定义，不同城市从不同角度分别对其进行了界定（见表9-1），但本质上仍存在一些共性特征，即新型智慧城市中枢系统是面向城市治理和服务现代化需求，利用云计算、大数据、物联网、人工智能、区块链、数字孪生等新一代信息技术，推动城市数据资源汇聚融合和运行态势全域感知，驱动业务流程优化和再造，实现城市治理能力提升、产业结构优化和管理模式创新的复杂系统，是城市新一代的数字基础设施、现代化治理和服务的智能中枢。

表9-1　代表城市新型智慧城市中枢系统的实施路径和主要建设内容

城市	实施路径	主要建设内容
北京	以海淀区为试点 整合数据 搭建基础平台 试点智慧应用（公共安全、城市管理、智慧交通、生态环境） 深化应用领域 扩大应用范围	打造以“1+1+2+N”（一张感知网、一个智能云平台、AI计算处理和大数据两个中心、N个创新应用）为总体架构的“城市大脑”，整合区域内政府数据、企业数据、社会数据、互联网信息等，运用云计算、人工智能等技术，对区域内城市运行状态进行实时动态监控，及时发现和解决公共安全、城市环境、交通出行、环保生态等领域的重点难点问题

续表

城市	实施路径	主要建设内容
上海	先后以浦东区、虹口区为试点 整合数据 搭建基础平台 试点智慧应用（网格化业务、应急业务、综治业务） 深化应用领域 扩大应用范围	浦东区：覆盖公共安全、建设交通、综合执法、应急管理等七大领域，形成治理要素一张总图，实现对数据资源、治理要素的全息全景呈现，使管理变得更精细。 虹口区：以汇集政务数据、视频数据和物联传感器三类数据为手段，以建设数据共享交换平台、人工智能算法算力平台和应用支撑平台为途径，以支撑公共安全、公共管理、公共服务和经济发展四大类上层应用为目的，建设“一源、一数、一脑、一智、一屏”的虹口区“城市大脑”
广州	以南沙区为试点 整合数据 搭建基础平台 试点智慧应用（三防、交通、应急、环卫、环保） 深化应用领域 扩大应用范围	“1+1+1+N”模式，即一个技术中台、一个物联网感知平台、一个大数据中心、N 个创新专题应用场景。通过技术中台形成底层技术框架和通用服务层，解决接入、共享、安全等共性问题。通过物联网管理平台实时监测感知整个城市运行状态。通过大数据中心汇聚全市数据资源，打通部门业务系统。在宜商环境、经济运行、公共安全、城市治理、态势感知等方面打造一批应用场景
深圳	以龙岗区为试点 完善基础设施 整合数据 搭建基础平台 试点智慧应用（善政、惠民、兴业）	到 2021 年底，依托龙岗智慧中心，建成城区运行监测中心、区领导决策分析中心、城区指挥调度中心、城区事件分拨处置中心等四个中心；建成善政、惠民、兴业等多个智慧应用，让龙岗区市民有获得感、幸福感和安全感；完成广东省大数据综合试验区试点工作，打造大数据应用“龙岗样板”
杭州	从交通领域起步 完善基础设施 整合数据 搭建基础平台 试点智慧应用（交通、消防、市政、旅游） 深化应用领域 扩大应用范围	“531”体系。“5”即“五个一”。打通“一张网”，一张确保数据无障碍流动的网，并通过统一标准，支撑城市大脑的数据资源需求；做大“一朵云”，将各类云资源链接在一起的“逻辑云”；汇聚“一个库”，将各部门、外部数据的“小水库”向“大水库”汇聚，形成城市级数据仓库等。“3”即“三个通”。市、区、部门间互联互通；中枢、系统、平台、场景互联互通；政府、市场互联互通。“1”即“一个新的城市基础设施”
武汉	全方位开展 整合数据 搭建基础平台 试点智慧应用（政务服务、社会治理、应急响应、公共安全） 深化应用领域	以城市数据资源融合共享为主线，以“四大中枢”（数据、人工智能、区块链、应用）为支撑，构建数据融会贯通、应用统一支撑、运行精准分析、指挥高效协同的智慧城市基础平台。通过全面汇聚城市运行中的各类数据，辅助开展全局分析和科学调度，广泛赋能城市运行、社会治理、民生服务等各领域，推动武汉市新型智慧城市建设水平进入全国前列

续表

城市	实施路径	主要建设内容
成都	以青羊区为试点 完善基础设施 整合数据 搭建基础平台 试点智慧应用（经济运行、城市治理、文博旅游、政务服务、网络理政、智慧园区） 深化应用领域 扩大应用范围	青羊区智慧治理中心以决策调度中心、统筹治理中心、应急指挥中心为基本目标。依托电子政务外网、成都市政务云，政务应用系统整合和迁移上云，集成现有支撑应用，全面、及时、客观地反映青羊区运行状况，通过数据挖掘和分析，以政务信息资源整合、共享、应用为路径，实现“全天候全时段能在线监测、能分析预测、能应急指挥”的总体目标

通过对各地新型智慧城市中枢系统的功能分析，可以总结出新型智慧城市中枢系统至少要具备全域感知能力、数据融合能力、智能赋能能力和全景洞察能力四大基本能力。

一是全域感知能力。通过连接各类物联感知终端，实时获取城市的精细化运行参数，实现对城市全面、立体的感知能力，形成从物理城市到数字孪生城市的精准映射。

二是数据融合能力。全面归集城市各类政府数据，引入社会数据，对多源异构数据进行梳理、清洗、关联、比对，在融合分析中激发数据价值，为数据资源的活化应用奠定坚实基础。

三是智能赋能能力。集成应用大数据、人工智能、区块链等新一代信息技术，提供共性的、智能的支撑组件，通过开放平台赋能产业经济、城市治理、生活环境、公共服务等城市各领域的智慧应用。

四是全景洞察能力。通过创新优化信息化统筹协调的体制机制，推进“三融五跨”，挖掘城市运行全景的内在逻辑和客观规律，实现运行监测、形势预判、联合调度、科学决策等。

通过新型智慧城市中枢系统的全面感知能力，可以全面汇聚城市物联感知设备采集的数据、从互联网采集的数据、各部门政务系统的非涉密数据等。利用数据融合能力形成城市大数据，与新型智慧城市建设的跨部门、跨领域的智慧应用进行数据共享，全面支撑新型智慧城市的数据需求。利用智能赋能、全景洞察等能力为新型智慧城市的智慧应用提供能力支撑，助力科学决策迈上新台阶。

（二）新型智慧城市中枢系统的建设重点

1. 数据资源治理中枢

新型智慧城市建设需要以数据共享为纽带，以“技术融合、数据融合、业务融合”和“跨部门、跨业务、跨系统、跨地域、跨层级”要求为根本。目前，城市在数据资源治理中的“信息孤岛”“条块分割”等问题依然存在，政府部门之间“数据垄断”和“数据打架”等现象屡见不鲜，政府部门之间信息共享、业务协同无法通过传统电子政务手段来实现。为此，新型智慧城市急需通过建设中枢系统来取得突破。一是要建立新型智慧城市中枢系统的数据采集汇聚体系，规范数据采集、汇聚、接口等标准，建设基础数据库和主题数据库；二是要建立新型智慧城市中枢系统的数据共享交换机制，要建设统一数据共享交换平台，并要建立配套的体制机制和工作机制；三是要通过新型智慧城市中枢系统推动数据资源的开发利用，鼓励商业机构、社会组织和个人利用新型智慧城市中枢系统的数据资源和数据处理能力，释放数据红利。

2. 能力汇聚开放中枢

当前，以物联网、云计算、大数据、移动互联网为代表的新一代信息技术迅猛发展，加速渗透到经济、社会发展的各个领域，推动生产方式、生活方式、政府治理模式发生前所未有的深刻变革，城市的各行业各领域都已经认识到数字化转型的重要意义并开始探索尝试。然而，数字化转型是一项周期长、投资大的复杂系统工程，从软硬件搭建、技术要素购买到系统开发运行，都需要专业的能力和持续的资金投入，通过构建统一的共性赋能平台，不仅可以避免各行业各领域重复建设、资金浪费，还有助于推动各方数据资源的共享和业务系统的联动。一是要建设汇聚共性的数据、业务和技术赋能能力，有效支撑智慧应用对于城市大数据资源、城市模型、大数据分析处理工具、智能算法等方面的需求；二是要提供城市级的大型平台，开放城市公共数据、领域模型、算法工具等，吸引创新创业要素资源汇聚，推进信息互通、资源共享，为技术创新到成果转化全过程提供良好的平台环境。

3. 联动调度指挥中枢

“十三五”以来，我国通过统筹政务信息化工程建设、推动政务信息系统整合共享等举措，在城市局部领域的业务联动取得了积极成效，但未能从全局上和根本上解决长期以来困扰我国城市信息化建设的“条块分割、烟囱林立”问题。通过建设新型智慧城市中枢系统，接入或集成各领域的信息化平台系统，尤其是各级各部门指挥调度和综合运行类系统及相关数据资源，实现横向上领域互联、纵向上各级贯通，打造一体化的联动调度指挥中枢，集综合指挥调度、数据汇聚应用、风险防范预警、事件应对处置、服务科学决策等功能于一体，及时掌控城市各层级、各方面重要动态和突发状况，为多部门联动工作，统一指挥、统一行动、统一资源调配提供支撑，实现跨层级、跨地域、跨部门的指挥调度。

4. 科学决策支撑中枢

近年来，各地市深入贯彻落实中央各项决策部署，我国城镇化进程加快，城市人居环境显著改善，城市承载能力大幅提升，但部分城市的发展方式较为粗放，治理体制机制不健全，公共资源供需矛盾日趋紧张，城市风貌特色不鲜明，交通拥堵、街区内涝等“城市病”逐步显现。传统的电子政务架构和信息化应用无法有效支撑城市指挥调度和城市精准化治理的需求，亟须通过新型智慧城市中枢系统建设，对数据进行多维度、多角度、精准化展现，将可视分析与各领域业务决策需求分析相结合，制定多个专题应用场景和解决方案，充分挖掘和呈现数据背后隐藏的关键特征、关联关系和发展趋势等规律，及时发现经济社会发展中的问题，对问题的发展态势进行精确预测和描绘，让事件识别更快速、问题发现更容易、数据展现更直观，助力决策者理解数据并做出精准判断。

（三）新型智慧城市中枢系统的运营模式

1. 实现路径

新型智慧城市运行中产生的海量数据是城市的重要资产，通过创新运营模式，按照“以平台运营为基础、以数据运营和产业投资为主业，统筹城市运营为最终目标”的发展路线图，对平台、数据、产业、城市进行统筹运营，可实现“资源—资产—资本”的递升。在新型智慧城市中枢系统的建设过程中明确商业模式，使得可以开展运营的内容实现充分商业化运作，能够提升新型智慧城市建设活力，并为新型智慧城市的长期运营提供充足的资金支持。

“数据运营+生态合作”是一种新型智慧城市中枢系统的运营实现路径，以成立国有资本控股或参股的大数据运营公司为抓手，在政府授权下引入优质社会资本，代表政府与社会力量开展战略合作，执行投融资、建设管理、运营维护和产业生态培育。大数据运营公司负责新型智慧城市中枢系统、新型智慧城市基础设施和其他新型智慧城市项目的建设和运营，以新型智慧城市中枢系统为核心，围绕大数据技术、产业、应用及服务等创新，开展数据应用与共性服务平台建设，以及信息系统集成服务等。大数据运营公司也可作为城市政务数据的管理和运营主体，提供数据信息资源挖掘、数据产品开发、数据资产增值、大数据产业发展、信息咨询服务，构建数据产业基础，促进数据创新应用，助力政务、行业、企业等各领域数据资源开发与资产化，负责充分提升城市自身“造血能力”，探索多元化、可持续的运营模式。大数据运营公司投资运营模式见图 9–1。

2. 推进步骤

新型智慧城市中枢系统应根据自身城市发展战略、城市现代化治理和发展数字经济需求，遵循“需求导向、示范先行，顶层设计、有序展开，注重实效、壮大产业”的思路稳步推进，避免贪大求快、半途而废。考虑

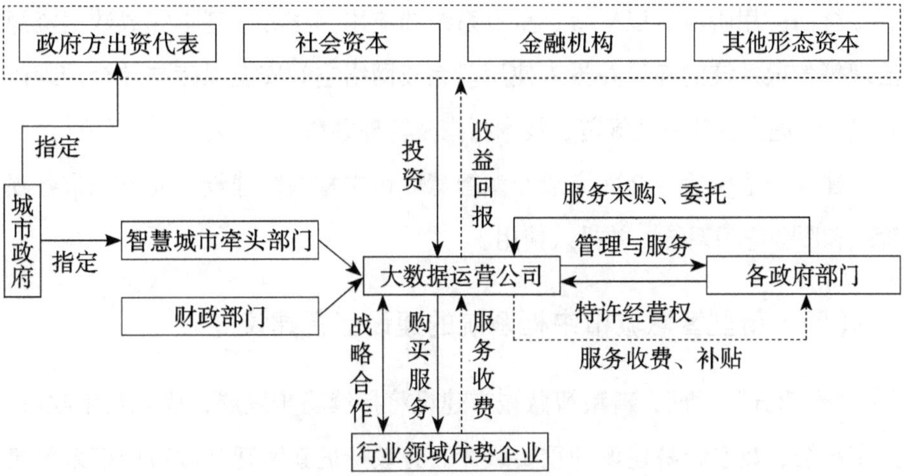

图 9-1　大数据运营公司投资运营模式

到新型智慧城市中枢系统投资规模巨大，规划建设周期可细分为项目筹备、推广应用、全面应用和建设完成四个主要阶段，各阶段建设重点不同。

项目筹备阶段。一是确定新型智慧城市中枢系统的投资、建设、运营基本模式。二是组建产业联盟，盘活新型智慧城市中枢系统建设有关资源，激发相关企业参与新型智慧城市中枢系统的建设热情。三是组建由国有城市基础设施建设头部企业控股、民营本地龙头企业参股的大数据运营公司，并由其在政府指导下牵头进行新型智慧城市中枢系统建设。四是编制新型智慧城市中枢系统顶层设计。结合城市实际选择适合自身需要的建设目标与路径。五是结合城市发展需要，选择需求迫切、应用效果明显的项目作为切入点，启动示范应用项目建设。六是同步开展通信网络基础设施、数据中心和算力基础设施等信息基础设施建设。

推广应用阶段。一是基本完成信息基础设施建设任务，初步形成一个高速、移动、安全、泛在的城市信息化基础设施网络。二是完成重要标准规范编制，为新型智慧城市中枢系统统一接入、统一管理、统一应用等奠定必要基础。三是启动数据资源治理、能力汇聚开放、联动调度智慧和科学决策支撑等系统的全面建设。四是启动网络空间安全保障与综合治理体系建设。

全面应用阶段。以平台、重点系统的应用为核心，基本完成数据资源治理等各项系统的建设并投入使用。完成网络空间安全保障与综合治理体系建设。健全各项标准规范、技术指南及管理办法。

建设完成阶段。全面完成新型智慧城市中枢系统建设，完善城市各项管理和服务应用系统，并投入使用。

（四）新型智慧城市中枢系统的建设运营建议

“十四五”时期，新型智慧城市建设将持续稳步发展，成为数字政府、数字社会、数字经济建设的重要载体。有效推进新型智慧城市中枢系统建设实施，保障新型智慧城市可持续发展，可从四个方面着力。

1. 强化统筹协调机制

健全新型智慧城市中枢系统建设运营的组织体系，形成由新型智慧城市建设牵头部门和相关行业主管部门协同共建的工作机制。建立健全部门之间、区域之间的协同联动衔接机制，强化规划制定、系统设计、项目实施等关键环节的沟通协调，确保互联互通和数据共享。强化项目和资金统筹监管，加强项目审批、项目建设、成果验收等关键环节的审查和监管。强化与项目建设运营单位的沟通协调，及时掌握全市各个项目建设情况，及时协调项目建设中出现的各类问题。

2. 科学谋划顶层设计

综合考虑上级新型智慧城市中枢系统建设现状和政策导向、本级新型智慧城市中枢系统建设基础、下级新型智慧城市中枢系统应用需求，结合城市规模、经济社会发展水平和能力、信息基础设施和信息化应用所处阶段和城市发展需求，研判新型智慧城市中枢建设需求。科学制定新型智慧城市中枢系统规划，合理选择目标功能、应用场景、投融资模式和实施路径，避免盲目投资。结合城市未来发展需求和技术高速迭代形势，适度超前规划，强化设施配套，加快 5G、物联网、工业互联网、空天地一体化网络等信息基础设施，云计算、边缘计算等算力平台的建设应用。

3. 激活多元主体活力

采取政府主导和社会资本充分参与的投资建设模式，合理选择市场化合作伙伴，提升投资环节的市场化程度和资源配置效率。一是遴选城市级合作伙伴，选择有实力、有经验、有长期合作意愿、安全可靠的社会资本方作为城市级合作伙伴，负责整体项目群建设，协商政府与社会资本间的权利和义务，明确补贴模式。二是遴选项目级合作伙伴，针对项目具体特征，由新型智慧城市建设牵头部门、行业主管部门和城市级运营公司共同选择领域内经验丰富、专业性强的社会资本方作为项目级合作伙伴，根据项目性质确定补贴模式。

4. 完善配套支持政策

一是财政政策，综合评估财政状况，制定有针对性的财政优惠政策，通过投资补助、基金参股、前期费用补贴、担保补贴、贷款贴息等方式给予相关扶持。二是金融政策，鼓励金融机构探索适合新型智慧城市中枢系统项目特点的信贷产品和贷款模式，在授信额度、质押融资、保函业务等方面提供融资服务，支持项目公司依照国家有关规定通过债券市场筹措投资资金。三是审批政策，明确市场准入标准、服务质量和监管细则，强化对政府和社会资本合作的评估论证、项目采购、执行监管、绩效评价等工作。四是数据管理政策，加强数据分类管理和共享开放，推动打破数据垄断，在数据保护、人工智能、关键信息基础设施等领域强化法规制度建设。

二、新型智慧城市长效运营模式研究

新型智慧城市是在现代信息社会条件下，针对城市经济社会发展现实需求，以提升人民群众幸福感和满意度为核心，充分利用物联网、云计算、大数据、人工智能、区块链等新一代信息技术，促进城市规划、建设、管理、服务和运营智慧化的新理念和新模式，是新一代信息技术创新应用与城市转型融合发展的新途径，代表了城市发展的高端形态和未来的发展趋势。国家“十四五”规划纲要提出“建设智慧城市和数字乡村”，将“分级分类推进新型智慧城市建设”作为数字中国建设的重要内容和关键举措。新型智慧城市已经成为新时代推进新型城镇化、提升城市治理水平、破解“大城市病”、提高公共服务质量、发展数字经济的重要抓手。

我国新型智慧城市发展大体上经历了探索实践、规范调整、战略攻坚和全面发展四个阶段。通过国家政策引导、各部门协同推进和各地方持续创新，我国新型智慧城市建设取得了显著成效，但也暴露出建设运营模式不清晰、社会资本参与不足等问题，这已成为当前影响我国新型智慧城市成效发挥的重要因素。推动新型智慧城市发展从以建为主转向长效运营、促进有效市场和有为政府更好结合，构建政府引导、政企合作、多方参与、专业运营的价值生态，已成为各地提升新型智慧城市建设成效、实现可持续发展的必然选择。

（一）新型智慧城市长效运营的概念实践

1. 概念和特征

目前，新型智慧城市的建设模式及运营模式研究得到了众多学者的关注。张延强等对于政府和社会资本合作模式进行了分类研究；李君兰等对比分析了传统施工模式、工程总承包管理模式、政府购买服务模式、政府和社会资本合作模式等典型建设模式；孙凯等开展了基于数据运营的新型智慧城市发展模式研究；单志广分析了新型智慧城市中枢系统的投融资和运营模式。总体来看，我国新型智慧城市长效运营还处于探索阶段，对于相关概念理解还未统一。本章认为，新型智慧城市长效运营是指以可持续发展为目的，以用户服务为中心，充分发挥市场在资源配置中的决定性作用，通过构建多元参与的运营生态，推动技术、业务、管理同步，持续优化提升新型智慧城市基础设施、数据资源、信息系统、应用门户、安全保障等的运行管理服务水平，实现资源配置最优化和效益最大化的过程。

从特征看，相对于过往以建为主的智慧城市发展模式，新型智慧城市长效运营更强调整体性、系统性、生态性、持续性和效益性。一是整体性。新型智慧城市长效运营不仅注重单个智慧系统运行所需的基础设施、数据资源、信息系统、应用门户、安全保障和应用需求、应用场景之间的合理匹配，更加关注不同应用系统、平台之间的关联性，强调从顶层设计的角度明确不同智慧系统之间的衔接、约束、配合关系，最大限度提升整体效用。二是系统性。在项目开建前要先形成清晰的建设运营规划，明确运营主体、运营对象、运营架构、运营机制，形成合理的权责利分配机制，建立全流程闭环的风险和效益评估机制、监督和问责机制，以最大限度避免潜在风险。三是生态性。充分发挥有效市场、有为政府的作用，通过政府引导、全民参与、政企合作、多方共建，构建能够持续提供全面专业业务、技术和管理能力的供给生态，建设民众真正需要的智慧城市，实现新型智慧城市的全面发展。四是持续性。新型智慧城市系统大多是长期应用的系统，需要通过较为完善的机制设计和模式创新，保障长期的运营维护投入和效果，通过成立联合公司、组建本地化的运营团队等方式，保障新型智慧城市全生命周期的持续有效运行。五是效益性。新型智慧城市长效运营更加追求项目应用带来的经济社会效益，强调以良好的经济社会效益保障持续的运营服务投入，通过数据运营，形成产业收费、效果收费，使经济持续拉动和自我造血，构成内循环。

2. 重要意义

一是有利于优化政企资源配置。长效运营可在市场经济条件下通过理顺政府与市场的关系，引入社会资本，建立“利益共享、风险共担”的政企合作关系，明晰政府和社会资本在项目运营、提供社会公共服务过程中的责权利，有利于优化政企资源配置、降低项目投资运营风险，最大化社会公众利益。

二是有利于缓解财政投入压力。一方面，新型智慧城市发展需要大量资金投入，单靠财政支持无以为继。另一方面，大量社会资本投入新型智慧城市建设市场意愿较高。引入社会资金，扩大政府财政支出的“乘数效应”，引导形成财政投资、银行贷款、债券融资和社会资本为主的多层次资金来源体系，可构建长期资金和短期资金互补的发展格局，达到缓解财政资金投入压力、加快市场化智慧城市价值生态构建的目的。

三是有利于提升公共服务质量。长效运营可以推进政府角色转变，将政府从“管理者”变为“监督者、合作者”；有利于激发市场主体的活力和创造力，提升公共产品供给效率和公共服务水平。

四是有利于提升城市“自我造血”能力。新型智慧城市运营被认为是数字经济中最有价值的产业，以城市为载体进行管理和服务，开展政府数据运营，提供数据信息资源挖掘、数据产品开发、数据资产增值、大数据产业发展、信息咨询服务，有助于构建数据产业基础，促进数据创新应用和数据资源资产化，充分提升城市自身“造血能力”，实现新型智慧城市可持续发展。

3. 运营现状

一是政策体系不断完善，鼓励多元主体参与建设运营。2014 年出台的《关于促进智慧城市健康发展的指导意见》明确提出，“通过特许经营、购买服务等多种形式，引导社会资金参与智慧城市建设”。《新型智慧城市评价指标（2016）》《新型智慧城市评价指标（2018）》均鼓励新型智慧城市建设逐步从政府单一主导向社会共同参与、联合建设运营的多元化模式转变，并设置了社会资本参与智慧城市建设和第三方运营相关的考核指标。对智慧城市建设常用的工程总承包（Engineer-Purchase-Construct，EPC）、政府购买服务、政府和社会资本合作（PPP）等模式，国家层面陆续出台多项政策性文件规范引导，鼓励社会企业参与公共服务领域投资。

二是地方层面积极推进，市场呈现供需两旺发展态势。党的十九大以来，我国新型智慧城市进入全面发展期，随着新型智慧城市试点工作陆续开展和推广，各地新型智慧城市建设加速落地。新型智慧城市相关的政策红利不断释放也吸引了大量社会资本加速对新型智慧城市领域的投入。根据对中国政府采购网等公开信息的整理，2021 年全国至少有 25 个省或直辖市的 76 亿元以上智慧城市相关项目发布中标公告，累计中标金额超过 197.91 亿元人民币，华为、阿里、腾讯、百度、科大讯飞、京东、浪潮等科技企业，以及数字广东、数字广西等政企联合公司的身影都出现在各地中标名单上。

三是长效运营引发关注，积极探索构建联合运营生态。新型智慧城市建设涉及领域众多，对资金投入、人才队伍、专业素养等要求极高。当前已有越来越多的地方开始着力推动新型智慧城市发展从政府主导建设向社会资本多元参与、联合建设、长效运营转变。根据国家新型智慧城市评价数据，2016 年、2019 年第三方运营参与地级及以上城市新型智慧城市建设的比例分别达到 64.5%、63.27%。从推进方式看，重点项目带动产业转型升级和联合建设运营成为主要探索方向。如腾讯与长沙市人民政府签署合作协议，携手打造长沙城市超级大脑，并在智慧城市、人工智能产业生态等方面展开广泛合作，探索以项目带动产业，引入行业龙头、聚集本地优势企业，打造智慧城市产业发展生态；万达信息股份有限公司在上海、成都、驻马店等地联合当地国有公司成立联合公司，开展城市服务领域长效运营，探索政企联合建设运营，提升智慧城市专业运营能力。

（二）新型智慧城市长效运营的主要模式

1. 运营模式分类

当前，我国新型智慧城市项目呈现运营对象多样、运营主体多元、回报机制多种等特点。如图 9–2 所示，从运营对象看，主要涉及基础设施、数据资源、应用系统、服务门户和信息安全等方面的运营；从投资运营主体看，主要分为政府投资政府运营、政府投资企业运营、企业投资企业运营和联合投资企业运营等模式；从回报机制看，主要分为政府购买服务、政府付费、使用者付费和综合运营收入等多种模式。

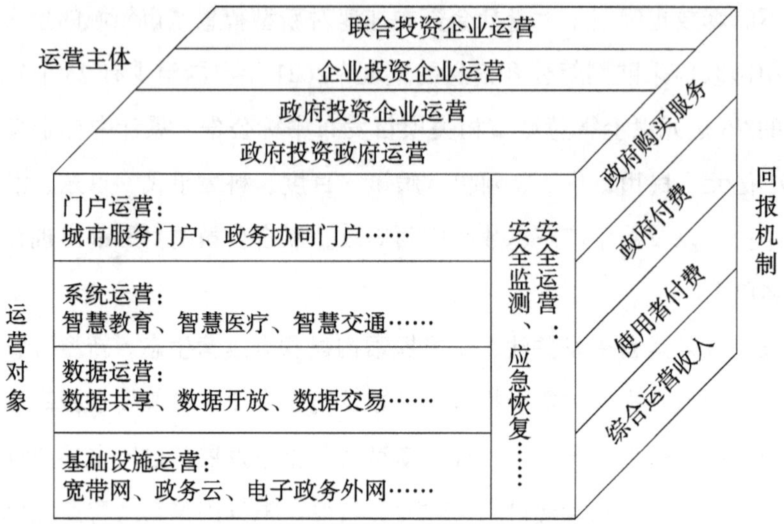

图 9–2　新型智慧城市长效运营主要模式

2. 典型模式对比

政府购买服务模式、工程总承包管理（EPC）模式、政府和社会资本合作（PPP）模式、政府平台公司运营模式、联合公司运营模式是智慧城市建设运营的典型模式。其中，EPC 和政府采购服务常用于纯政府投资类项目，PPP 在联合投资运营领域早期开展了积极探索，平台公司 / 联合公司运营等新型组织方式因具有本地化服务、专业化运营、效益性保障、操作性灵活等优势，近几年开始被越来越多的地方关注并探索。典型运营模式分析见表 9–2。

表 9–2　典型运营模式分析

序号	建设运营模式	主要特征	优势	劣势	适用范围
1	政府购买服务模式	模式成熟、操作简单，根据服务数量和质量，由列入预算的财政资金支付相关费用。服务期较短，一般不超过 1 年，最长不超过 3 年	操作流程清晰，《政府购买服务管理办法》已对相关要求作出明确规定；选择和变更优势社会企业相对灵活	合同履行期较短，在合同到期后，存在运营主体变更的风险，容易出现运营服务质量不稳定和本地化人才培育不足等问题	适用于财政资金充足、时效性要求高、专业化人才培养不敏感的项目，要求项目边界清晰、内容明确。如政务云、电子政务外网等项目

续表

序号	建设运营模式	主要特征	优势	劣势	适用范围
2	工程总承包（EPC）管理模式	多用于基础设施、社会治理、民生服务等领域工程项目建设；设计、采购和实施一起发包、整体推进交付，被形象地称为“交钥匙总承包”。总承包商可由一家或多家公司组建联合体承担	通过设计、采购和建造一体化管理，可减少项目采购时间和建设工程管理环节，有效避免设计与施工脱节，降低管理协调时间成本	本质上仍属于“交钥匙”工程，长效运营方面短板明显。建设和运营容易脱节，运营效果难以保障	适用于规模较大、专业技术要求较高的基础设施类和民生服务、社会治理领域平台类项目，如城市生命线、智慧城市运营管理中心等
3	政府和社会资本合作（PPP）模式	强调政企合作机制创新，通过机制创新建立利益共享、风险共担的长期合作伙伴关系；强调长效运营合理回报，项目期一般较长	可充分发挥政府与社会资本双方优势，在提升公共产品、服务供给数量和质量的同时，减少财政资金支出压力、降低企业投资风险	项目前期准备和论证时间较长、项目建设运维复杂、信任成本较高，目前成功案例较少	适用于投资规模较大、需求长期稳定、市场化程度较高的项目。要求项目需求明确、边界清晰，政府主管部门具备较强的统筹管理能力。如智慧城市整体打包、智慧交通等项目
4	政府平台公司运营模式	平台公司一般具有全国资或国有资本控股性质，负责生态构建，采用建运一体、运管分离的方式开展建设运营；强调监督考核监管；一般一个地方只有一家平台公司，项目一般不设定明确边界	采用全国资或国资控股方式组建政府平台公司，可有效保障政府对新型智慧城市建设运营掌控力，提高政务数据授权运营的安全和隐私保障	平台公司成立和监管机制建立较为复杂，对平台公司技术方面要求较高。平台公司技术能力不足时，容易退化为只贴牌、做转手交易的“二道贩子”	适用于新型智慧城市统筹力度强、投资规模大、平台公司管理水平和技术素养较高、政务数据运营需求迫切的地方，如广东、长沙等地实践

续表

序号	建设运营模式	主要特征	优势	劣势	适用范围
5	联合公司运营模式	建设运营主体为政企合作成立的联合公司，公司需要具备较强专业技术和运营能力；一般扎根本地并配备本地化专业建设运营团队，本地化服务好、专业化运营有保障	可有效弥补政府在技术、管理能力方面的不足，实现更加专业的建设运营，同时保障政府对新型智慧城市建设运营有一定的掌控力；专业化运营好，可培育本地化人才	当存在多领域、多个联合公司运营时，容易造成"运营孤岛"；持续运营时，需满足政府采购规定要求	适用于具备一定统筹管理能力和技术素养、希望从特定领域快速切入提升新型智慧城市建设应用成效的地方。如上海、成都等地的市民云运营实践

3. 运营模式演变

当前，各地已逐渐认识到新型智慧城市长效运营的重要性，并推动新型智慧城市发展模式从政府主导、以建为主向政企合作、长效运营转变。如图 9–3 所示，投资主体方面，从单纯的财政投入向政府和社会机构共同出资转变；建设运营主体方面，从与项目紧密关联的建设主体向专业化的建设运营主体转变，并从建设服务商进一步分化出新型智慧城市运营商和运营服务商的角色。

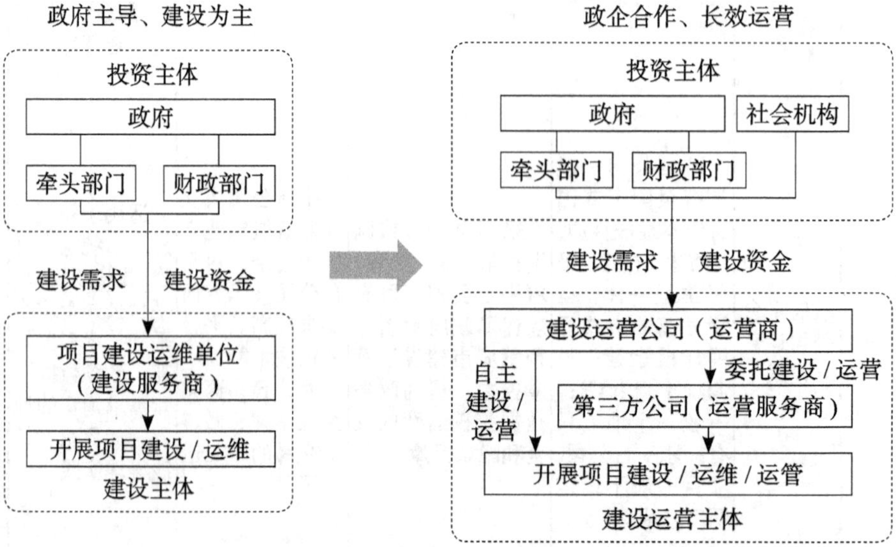

图 9–3 新型智慧城市长效运营模式演变

（三）新型智慧城市长效运营的突出问题

当前新型智慧城市建设运营“重概念、轻内涵”“重系统、轻数据”“重局部、轻协同”“重共性、轻个性”“重平台、轻运营”“重政府、轻社会”“重建设、轻考核”等问题仍然普遍存在，持续长效的专业运营不足已经影响了新型智慧城市成效发挥。

1. 重概念、轻内涵，智慧应用成效有待进一步提升

由于对新型智慧城市长效运营内涵理解不够深入透彻，导致部分智慧应用浮于表面，甚至出现了一些“中看不中用”的“形象工程”。以“城市大脑”工程为例，作为新型智慧城市复杂巨系统的典型代表，单个项目建设资金投入普遍达到几千万元甚至上亿元，但有些“城市大脑”主要集中在实体大厅建设、软硬件部署、部门业务系统接入等方面，未能真正解决统筹协调和管理运营机制、跨部门数据共享等关键性问题，未能将其提升到实现系统、平台、数据、业务交互融合的“总枢纽”“总集成”“总调度”的高度，导致建成的“城市大脑”无法充分发挥其中枢功能，甚至在一些突发性、应急性事件发生时出现“大脑”瘫痪、失灵等情况。

2. 重系统、轻数据，数据要素价值有待进一步释放

当前各地新型智慧城市仍以信息系统建设为主要方式，对于数据资源的采集共享、开发利用关注不足，导致数据要素赋能的应用成效难以真正发挥。一方面，新型智慧城市建设一般以城市为主体，但数据跨层级、跨部门的共享机制尚未完全理顺，政府部门之间的信息孤岛仍然普遍存在，部分领域因垂直化管理造成上级数据回流困难，地市级、区县级数据空心化现象比较明显。另一方面，虽然近年来地方政府普遍加强了对数据资源的重视并开展了大量工作，但是总体投入不足、缺乏统一标准和专业团队的情况并未完全改变，绝大部分地方大数据平台存在数据缺失、失真、更新过慢和不一致等诸多问题，影响了数据应用的效果。

3. 重局部、轻协同，统筹推进机制有待进一步完善

新型智慧城市建设运营涉及主体多、涵盖范围广、协调难度大。尽管各地方多已成立新型智慧城市建设运营相关的统筹管理机构，但协同推进的合力仍需进一步加强。一方面，“各自为政、条块分割、烟囱林立、信息孤岛”问题并未得到根本解决，条块分割体制下的信息系统建设呈现出碎片化局面。另一方面，由于缺乏既精通信息技术又懂业务和管理的复合型人才，当前新型智慧城市建设运营过程中业务需求、管理机制和技术方案三方协同难以达成，导致重复投资、成效不佳、数据不安全等问题仍然普遍存在。

4. 重共性、轻个性，因地制宜推进有待进一步强化

我国幅员辽阔，各地经济社会发展水平和信息化发展基础存在较大差异，不同区域、不同级别的痛点、难点问题往往不尽相同，同一技术方案的简单异地复制往往难以发挥成效。在没有搞清楚问题和需求本质、缺乏科学规划设计的情况下盲目跟风、拔苗助长开展新型智慧城市建设，往往造成新型智慧城市建设与地方财力和发展需求脱节，带来方案难落地、应用难见效等问题。如在当前的“城市大脑”建设热潮中，很多地方跟风上马的“城市大脑”项目投入的大量建设资金仍主要用于数据中心等硬件建设，缺乏对科学规划设计的应用场景、支撑场景应用所需的鲜活数据、建成后的长效运营考虑，无法发挥“城市大脑”应有的功能成效。

5. 重平台，轻运营，平台公司作用有待进一步明确

当前，越来越多的地方开始推动新型智慧城市发展从政府主导向社会共建转变。为加强新型智慧城市建设统筹，弥补财政资金不足和专业人才短缺，政企联合成立平台公司开展整体运营的模式也被越来越多的地方关注并作为探索重点。平台公司主要负责协助地方新型智慧城市主管部门加强运营生态建设，开展特定领域的专业建设运营。虽然平台的国资背景加强了政府的掌控力，但一般不具备专业技术能力，如果无法快速建立一支既懂技术又懂管理的专业团队，很有可能退化为只做转手交易的“二道贩子”，不仅难以达成成立平台公司加强项目统筹、避免重复建设和被技术供给“绑架”的初衷，反而抬高新型智慧城市外部合作成本。

6. 重政府、轻社会，多元共建模式有待进一步探索

新型智慧城市的内涵远不止数字政府，并非政府大包大揽即可解决的事情，城市发展质量的提升、管理服务的优化离不开城市居民和相关单位的共同参与。一方面，由于研发人员往往只精通信息技术但不熟悉业务运作，如果作为管理服务对象的城市居民和相关单位参与不足，容易导致其中的真实痛点和真正需求难以被精准定位挖掘，进而导致业务设计走样、项目成效难以达成。另一方面，由于当前新型智慧城市建设运营仍未脱离政府主导的模式，随着应用的扩展、范围的扩大，建设运营所需资金不断增加，地方财政资金压力持续提升、难以为继，部分城市甚至出现了延迟 2 年以上支付运营维护费的情况。

7. 重建设、轻考核，运营效果评价有待进一步深化

根据国家新型智慧城市评价数据，2016 年、2019 年将新型智慧城市建设纳入政府绩效考核体系的地级及以上城市分别达到 61.36% 和 65.45%，但实际上大部分考核的是部门工作任务落实情况，鲜有针对系统平台建成后运营成效的评价考核。一方面，重建设轻运营的观念尚未真正转变，地方普遍对新型智慧城市运营重视不足，缺少针对长效运营的考核指标系统研究，长效运营机制未能建立、工作未能开展，评价考核也就无从谈起。另一方面，当前施工企业普遍运营能力不足，大部分项目采用建成后再委托运营的方式，也造成运营责任边界不清晰等问题，客观上增加了评价考核的难度。

（四）推进我国新型智慧城市长效运营的政策建议

新型智慧城市是一项复杂巨系统工程，各地可以结合实际情况，通过健全新型智慧城市长效运营统筹协调机制、科学制定顶层设计、激活多元主体活力、完善配套支持政策，有效推动新型智慧城市发展从以建为主转向长效运营、促进有效市场和有为政府更好结合，构建政府引导、政企合作、多方参与、专业运营的价值生态，实现智慧城市可持续发展。

1.规划先行，构建“五个一”长效运营生态

为实现新型智慧城市长效运营，首先要树立长效运营理念，以终为始做好长效运营规划。除明确运营内容外，还需要明确运营方式、运营主体和运营模式。可以探索建立“一小组、一部门、一中心、一公司、一办法”的“五个一”长效运营机制和生态。一是建立高位推进的新型智慧城市发展领导小组，形成“一把手”推进、多部门协同的推进机制。二是明确新型智慧城市统筹管理的牵头部门，负责协调推进新型智慧城市发展中的设施共建、数据共享、平台共用等各类基础性、综合性问题，通过项目管理、绩效考核等手段做好运营风险和成效评估，形成监督问责闭环。三是建立以大数据中心为代表的技术支撑团队，支撑主管部门做好技术层面的统筹管理、业务指导。四是设立国有平台公司或联合运营公司，建立政企合作纽带，联合优势社会企业开展相关项目建设运营，探索开展政府数据授权运营。五是出台新型智慧城市长效运营管理办法，明确运营管理过程中各角色的定位和作用，形成制度规范并加强执行，使长效运营有章可循。

2.因地制宜，选择适合自身的长效运营模式

各地可以结合自身发展阶段和需求选择适合的建设运营模式。一是因势利导，以长效运营和成效要求为导向，发挥不同新型智慧城市运营模式优势，按照各类运营模式的适用条件、运营对象特点、运营主体能力、可用运营资源等选择适合的运营模式，或通过不同运营模式组合，开展新型智慧城市项目的运营实践。二是分类管理，对于涉及敏感信息、以提升政府治理能力为主的强化管理类项目，如平安城市、智慧城管等，建议由政府主导建设运营，并根据项目能力要求，选择政府投资政府运营或政府投资企业运营等模式；对于公共服务需求大、收益长期稳定类型的项目，如智慧停车、智慧养老等，宜采用市场主导的建设运营模式。三是统筹运营，围绕新型智慧城市“三融五跨”的协同管理和服务的核心要求，在运营规划设计和执行过程中，要避免“零敲碎打”造成“运营孤岛”，从而降低运营价值。

3. 管运分离，强化专业化运营和政府监督

加强政企合作，充分发挥政府和企业双方的优势，克服政府既当“裁判员”又当“运动员”的弊端，推动管运分离。一是加强政府引导，发挥政府在统筹协调、顶层设计等方面的引导作用，通过完善机制设计、保障数据供给、加强监督考核，充分调动各方参与运营的积极性，避免因市场失灵导致基础性、公益性服务供给不足和不公平竞争等问题，保障新型智慧城市运营始终以人民为中心、以服务为核心。二是强化企业专业运营，发挥市场在资源配置中的决定性作用，通过联合公司引进专业化的运营团队，培育本地化新型智慧城市运营生态和专业人才，形成政府引导、多元参与、合作共赢的可持续发展格局。三是加强监督考核，同时发挥有效市场、有为政府的作用，引入第三方开展建设运营评估评价，发现问题和短板，持续修正和完善，确保建设运营成效。

4. 自我造血，加强数据要素增值模式探索

数据已经成为和土地、劳动力、资本、技术同等重要的生产要素，新型智慧城市建设持续深入和数据资源的不断汇聚，为开展数据运营、拓展财政收入、推进数据要素向数据财富转换提供了无限可能。长效运营就是要激活数据要素潜能，通过数据赋能提升政府治理能力、优化社会服务供给。一是加强数据管理，建立健全数据资源管理机制，制定数据采集、传输、存储、共享、利用的标准规范，形成政务数据共享开放和政企数据共享利用的常态化工作机制。二是推进数据立法，建立数据要素权责利对等机制，以法律形式确立数据隐私、安全红线，明确政务数据的所有权、管理权和使用权，形成政务数据共享开放、开发运营的权责利体系。三是推动数据定价，建立数据要素市场化运行机制，探索建立数据要素价值评估模型，形成依据数据成本、类型、属性、质量等多种因素构成的数据资源流动定价机制。四是开展数据运营探索，完善授权开展政务数据运营的各项机制，分级分类推进政府数据资源进行开发利用。

5. 场景驱动，持续以用户为中心提供服务

面向新型智慧城市不同场景应用需求，整合服务资源，通过统一门户

向用户提供便捷的应用服务，是新型智慧城市回归到以人为本、以服务为核心发展模式的必然趋势。一是以人为本，必须坚持以用户为中心开展场景运营，挖掘潜在真实需求、合理设计应用场景，通过优化服务流程和提升服务体验吸引用户并增强用户黏性，形成可持续、成规模的增值服务需求，才能从根本上保障运营服务长效。二是需求导向，围绕企业和群众普遍关心的高频急难问题，建设一批用户导向的创新性应用场景，提供好用、易用、便用的服务方式，实现用户愿用、常用的目标。三是用户视角，围绕“一件事一次办”“高效处置一件事”，站在跨层级、跨部门、跨领域的高度来发现问题、搭建平台和建设场景，打通信息壁垒、技术边界和业务堵点，打造能用好用的应用场景。

6. 评价引导，开展运营评价指标体系建设

加快研究针对新型智慧城市长效运营系统评价指标，科学开展新型智慧城市运营评价，以评促改提升长效运营水平。在具体指标设计方面，可以从四个方面进行考虑。一是运营内容评价，评价内容应覆盖基础设施、数据资源、信息系统、应用门户和安全保障五类主要运营内容，具体的指标设计可结合能力提供、运营成效等进行设计。二是运营机制评价，评价内容可包含统筹管理机制、利益分配机制、考核监督机制、激励惩罚机制、长效运营规划等方面，从完整性、合理性等角度开展评价。三是运营能力评价，评价内容可包含运营服务的覆盖率、可用性、可靠性、易用性、及时性、持续性和运营团队的专业性等方面。四是运营成效评价，可结合具体项目运营边界和要求，从资源的利用率、共享率，用户的覆盖率、活跃度、满意度等方面开展评估。

三、新型智慧城市建设 PPP 模式研究

新型智慧城市是当今经济社会发展的大趋势，是运用物联网、云计算、

大数据、移动互联网、空间地理信息集成等新一代信息技术，促进城市规划、建设、管理和服务智慧化的新理念和新模式，是新一代信息技术创新应用与城市转型融合发展的新途径，代表了城市发展的高端形态和未来的发展趋势。中央城市工作会议、国家“十三五”规划纲要和国家信息化发展战略纲要均明确提出要通过智慧城市建设，推动城市发展方式的转变。据统计，我国超过89%的地级及以上城市在推进新型智慧城市建设。新型智慧城市建设已经成为提高公共服务水平、实现治理能力提升和城市转型升级的重要抓手。随着新型智慧城市建设深入开展，庞大的资金需求为传统政府主导的智慧城市建设模式带来了严峻考验。

政府和社会资本合作（PPP）模式是指政府为增强公共产品和服务供给能力、提高供给效率，与社会资本建立的利益共享、风险分担及长期合作关系。PPP模式作为一种创新投融资机制，有利于理顺政府和市场关系，充分发挥市场配置资源的决定性作用，为新型智慧城市建设所需的巨大资金缺口带来新的曙光。从整体形势看，运用PPP模式推动我国新型智慧城市建设已成为大势所趋，未来几年还将掀起一个新高潮。

当前，我国新型智慧城市建设重点以信息化提升公共服务质量和效率为主要内容，涵盖政务、养老、医疗、教育、旅游等多个领域，早期多以上述领域PPP项目形式推进新型智慧城市建设，而涵盖多领域综合性新型智慧城市建设的PPP项目较少。值得注意的是，在2018年7月财政部发布的第四批PPP示范项目筛选的通知中，首次将智慧城市纳入优先支持的类别，将智慧城市作为一个整体统筹建设的思想和实践已经成为共识。由于智慧城市建设重点工程多，存在项目边界条件不易划分、责任主体复杂、验收机制不明确等现实问题，不能简单套用传统基础设施类PPP实施架构。因此，需要充分了解我国PPP模式的政策要求和运作模式，结合新型智慧城市建设项目的特点和实际，分析新型智慧城市建设PPP模式推进过程中可能面临的问题和难点，打造社会资本积极参与、公共服务不断提升、财政支出合理稳健的新型智慧城市建设新模式。

（一）PPP模式在新型智慧城市建设中的作用

PPP模式是当前新型智慧城市建设过程中最为适合的商业模式，可以有效化解财政建设资金短缺、优化政企资源配置，最终提升公共服务质量。

1. 化解建设资金短缺的重要渠道

当前我国经济发展进入新常态，财政收入进一步收窄，传统以财政投入为主拉动增长的方式不可持续。在新型智慧城市建设资金庞大和地方债高企的背景下，通过PPP模式撬动社会资本参与智慧城市公共项目，获取合理回报，可有效减轻政府公共财政的举债压力，拓宽融资渠道，形成多元化、可持续的资金投入机制；同时，有利于盘活社会存量资本，激发民间投资活力，拓展企业发展空间，提升经济增长动力，促进经济结构调整和转型升级。

2. 优化政企资源配置的有力保障

PPP模式可以优化资源配置，合理分担风险。以社会公众意见作为监测分析和绩效评价的重要内容，通过社会监督和绩效评价激励，政府提供制度供给、企业提供技术和服务供给，政企双方发挥各自优势，实现最优供给组合。

3. 提升公共服务质量的有效手段

PPP模式能够将政府的战略规划、市场监管、公共服务和社会资本的管理效率、技术创新有机结合在一起，将政府从“管理者”变为“监督者”和“合作者”，推进政府角色转变。PPP模式下，由专业机构提供公共服务，深度参与新型智慧城市建设、运营和管理，激发市场主体的活力和创造力，形成投资、建设、运营一体化，能够有效提升公共产品供给效率和公共服务水平。

（二）新型智慧城市建设PPP模式的主要做法

当前，我国新型智慧城市建设进入快速发展期，具有涵盖领域广、重点工程多等特点。以 PPP 模式推进新型智慧城市落地实施，需要综合考虑城市的建设基础和建设项目的特点。

1. 新型智慧城市项目特点

当前，我国新型智慧城市建设重点项目通常涉及社会管理与服务领域、民生服务领域、产业经济领域、资源环境领域和基础设施等领域，具有以下特点：

一是强化整体协同推进。新型智慧城市建设是个综合性复杂巨系统，涵盖领域广、建设工程多，涉及政务、交通、医疗、教育、养老、社区、环保等多个领域。

二是更加注重建设成效。《国家新型智慧城市评价指标（2016 年版）》从八个方面对新型智慧城市建设情况进行系统考察，并将建设成效类指标作为重点内容，这为地方开展新型智慧城市建设提供了导向。

三是单项工程建设规模较小。与“铁公基”等传统 PPP 项目相比，通常条件下，新型智慧城市建设领域单项工程建设资金相对较少，对于中小型城市来说尤其明显。

四是部分工程建设边界不清晰。新型智慧城市建设项目包含部分信息化改造、扩建等软环境建设项目，项目边界不易划分。

五是数据创新应用是重要方向。通过数据共享、数据治理和数据创新应用与服务等实现政府协同管理与服务。

2. PPP 项目主要特征

梳理我国 PPP 模式的政策要求，PPP 项目具有如下主要特征。

一是项目具有公共服务属性。PPP 是政府与社会资本通过合作来提供公共产品或服务的一种方式。从其定义不难看出，对于不具有公共服务属性的项目（如房地产开发），完全可以通过市场化运作，不应纳入 PPP 项目范畴。

二是项目主要以运营为核心。PPP 项目以运营为核心，发挥社会资本的优势，提高公共服务供给效率。从实际情况看，当前参与 PPP 项目的部分企业，不愿意承担运营风险，期望通过施工获取利润，这背离了政府推广 PPP 的初衷，也是 BT（建设 – 移交）模式不纳入 PPP 的原因。

三是项目强调政企合作机制。PPP 项目核心理念为政企共建、利益共享、风险共担。政府承担政策风险，社会资本承担因经验和能力不足带来的建设运营风险。相比于国外 PPP 中 Private 定义的私营企业，我国 PPP 中 Private 定义包括国有企业、民营企业、外资企业以及混合所有制企业等。

四是项目运营期限相对较长。PPP 项目通过社会资本方的运行经验来优化公共服务供给，同时通过“使用者付费”“政府付费”“可行性缺口补助”等方式实现项目建设运行资金的回报。通常情况下，依据行业特点、项目生命周期、公共服务需求、投资回收期等因素，项目运行周期从 10 年到 30 年不等。

3. 典型运作模式介绍

从单个项目的运作方式看，PPP 项目具体运作方式主要由收费定价机制、项目投资收益水平、风险分配基本框架、融资需求、改扩建需求和期满处置等因素决定。从我国官方文件中涉及的 PPP 运作方式来看，国家发展改革委主要推广的有委托运营（Operations & Maintenance，O&M）、建设 – 运营 – 移交（Build-Operate-Transfer，BOT）、建设 – 拥有 – 运营 – 移交（Build-Own-Operate-Transfer，BOOT）、建设 – 拥有 – 运营（Build-Own-Operate，BOO）等；而财政部主要推广的有 O&M、BOT、BOOT、BOO、管理型承包（Managing Contractor，MC）等。其中，财政部出于缓解存量项目资金压力的目的增加了转让 – 运营 – 移交（Transfer-Operate-Transfer，TOT）和改建 – 运营 – 移交（Rehabilitate-Operate-Transfer，ROT）等方式。

在具体操作层面，结合项目收费机制分为三种类型。对于具有明确的收费基础，并且经营收费能够完全覆盖投资成本的项目，可通过政府授予特许经营权，采用 BOT、BOOT 等模式推进。对于经营收费不足以覆盖投资成本或难以形成合理回报、需政府补贴部分资金或资源的项目，可通过政府授予特许经营权附加部分补贴或直接投资参股等措施，采用 BOT、BOO 等模式推进。对于缺乏“使用者付费”基础、主要依靠“政府付费”回收投资成本的项目，可通过政府购买服务，采用BOT、O&M等市场化模式推进。

从参与建设工程的多寡看，以PPP模式推进新型智慧城市建设，通常由政府出资方和社会资本方共同出资成立特殊项目公司（Special Purpose Vehicle，SPV）来具体操作项目的投融资、建设和运营。根据SPV公司是否参与具体项目建设运营，以及参与建设工程的多少，国内典型的新型智慧城市建设PPP模式可以分为“大管家”模式、“整体推进”模式和“分领域推进”模式，具体对比情况如表9–3所示。从表中可以看出，“整体推进”的PPP模式成为国内新型智慧城市建设运营的主流模式。此外，根据政府和社会资本出资额度不同，SPV公司又分为政府控股和社会资本控股两种，各地可以结合自身的实际情况灵活选择。其中，以社会资本控股开展城市建设运营的城市居多。

表9–3　国内新型智慧城市建设典型PPP模式对比表

PPP模式类别	主要特点	优点	缺点	城市案例
“大管家”模式	新型智慧城市项目整体打包； SPV公司不做项目建设，主要负责顶层设计、投融资和管理； 具体项目由SPV公司招标或分包建设运营	经营性与公益性捆绑开发，提高社会资本方对非经营性项目参与度； 通过收益性项目弥补公益性项目缺口，降低政府的财政支出压力	SPV公司只做管理，不做建设运营，综合成本高； 社会资本方通常对新型智慧城市建设经验不足，带来运营风险	安徽省合肥市高新区
“整体推进”模式	新型智慧城市项目整体打包； SPV公司负责所有项目投融资和管理； SPV公司负责主要项目的建设和运营，其他项目通过招标或分包建设运营	项目整体打包，有利于业务、数据统筹整合； 经营性与公益性捆绑开发，提高社会资本方对非经营性项目参与度； 通过收益性项目弥补公益性项目缺口，降低政府的财政支出压力	要求政府对建设项目掌握程度深； 要求社会资本方具有丰富的新型智慧城市建设运营经验； 对社会资本方的资金需求较大	湖南省湘潭市、浙江台州温岭市、山东省蓬莱市

续表

PPP 模式类别	主要特点	优点	缺点	城市案例
“分领域推进”模式	新型智慧城市项目分领域打包，分批次推进； 在其他项目实施中，会产生多个 SPV 公司； SPV 公司负责该领域主要建设与运营工作	灵活性好，新型智慧城市项目成熟一批，实施一批； 可按领域选择合适的社会资本方建设运营； 对社会资本方的资金需求较小	多个 SPV 公司，增加管理成本，跨系统整合、业务共享难度大； 对于部分领域预期收益差的项目，社会资本参与度不高	安徽省淮南市

（三）国内新型智慧城市 PPP 模式的主要典型案例

1. 典型案例介绍

以财政部示范项目为例，结合三种典型新型智慧城市建设 PPP 模式给出相应城市案例分析。

（1）合肥高新区智慧城市项目（“大管家”模式）

1）项目概况

本项目为财政部第二批 PPP 示范项目，总投资 26.5 亿元。高新区将打造“智慧高新”运营平台，主要负责合肥高新区行政区域范围内的智慧城市项目的顶层设计及深化、项目投资融资、项目建设的管理、项目的运营维护、智慧产业创新发展等。高新区将建设创新引领的科技人文型智慧城市，重点建设“3421”体系，即三大核心支撑平台（大数据平台、云计算平台、地理空间信息平台），四大业务应用（产业发展领域、社会管理领域、民生服务领域、基础设施管理），两大规范体系（信息安全保障体系、智慧城市标准规范体系），一大城市运营中心（城市综合业务运营管理中心）。

2）主要做法

成立智慧城市建设领导小组，作为“智慧高新”的最高决策机构，主要负责组织领导、统筹协调、审议决策等。下设合肥高新区智慧城市建设领导小组办公室，主要负责对接协调，项目实施过程监督，参与项目竣工验收、移交等工作。

成立合肥高新智慧城市建设管理运营公司，其中政府资本方出资 4 000 万元，持股 20%；社会资本方出资 16 000 万元，持股 80%，由安徽出版集团有限责任公司、北京昊天智城科技发展有限公司出资完成。

成立智慧城市研究中心，主要提供智慧城市建设决策支持。作为第三方智库提供专业建议，负责技术咨询、项目评审、标准编制等工作。

成立智慧城市创新产业联盟，整合智慧城市相关技术的研究资源，促进产、学、研、用结合和成果共享，带动智慧城市产业核心竞争力的提升和产业链的完善，带动智慧城市产业和资本的聚合。

制定评价考核办法，制定《智慧城市 SPV 运营公司综合评价指标体系》，促进智慧城市健康发展。

3）运营特点

合肥时代智慧高新投资管理有限公司（SPV 公司）整体承接高新区智慧城市顶层规划、项目投资融资、项目建设的管理、项目的运营维护、智慧产业创新发展，为合肥高新区智慧城市建设提供一揽子整体解决方案。SPV 公司是管理者，主要做顶层设计、投融资、项目运营，不参与具体建设运营。

（2）湘潭市新型智慧城市建设项目（“整体推进”模式）

1）项目概况

本项目为财政部第三批 PPP 示范项目，总投资约 28.57 亿元，其中一期投资 16.77 亿元。项目建设期 2 年，运营期 10 年。本项目为湘潭市全域范围内的新型智慧城市建设项目，建设内容概括起来包括 3 大定位，6 大任务和 24 个子项目，包括“一个共用的基础设施、一个通用的功能平台、一个统一的运行指挥中心、一个全程的标准体系、一个全时的安全保障，18 个深度的智慧应用”。按照项目总投资的 30% 来预计项目资本金，剩余部分资金以项目公司为主体，通过银行贷款等融资途径获取。

2）主要做法

强化专家咨询。成立湘潭市新型智慧城市专家咨询组专家委员会，提供咨询服务和智力支撑。

成立湘潭智城联合信息科技有限公司作为SPV公司，注册资金50 310万元。其中，政府资本方以实物资产和现金出资17 105.4万元，持股34%；社会资本方出资33 204.6万元，持股66%。

湘潭市新型智慧城市建设分为两期，建设目标为一年打基础、两年上台阶、三年成体系。其中，一期总投资15.59亿元，优先建设急用先建项目；二期在一期夯实的基础上进行深化应用，重点工作是显成效促发展。

强化数据资源共享、业务协同。打破部门壁垒，实现数据整合、消除信息孤岛，达到业务和数据的互联互通。

强化信息安全管理和能力建设。建设全市统一、完善的新型智慧城市网络与信息安全保障体系，包括网络与信息安全防护体系、网络与信息安全责任体系和网络与信息安全保密应急与救援体系。

助力湘潭产业升级。通过引入国内外知名合作企业、智慧城市研究机构和院士工作站等方式，以人工智能和新型智慧城市项目为基础，推动湘潭地区智慧产业发展。

3）运营特点

整体打包，统筹建设运营。湘潭智城联合信息科技有限公司（SPV公司）整体承接湘潭市新型智慧城市顶层规划、项目投资融资、项目建设、项目运营维护、产业创新发展以及项目的移交等全流程业务，为湘潭市新型智慧城市建设提供整体一揽子服务。经营性与公益性捆绑开发，一方面有效缓解了社会资本方对非经营性项目参与度不足的状况；另一方面通过收益性项目弥补公益性项目缺口，降低政府的财政支出压力。SPV公司是个管理者，也是实施者，同时还是服务者。主要做顶层设计、投融资、项目建设、项目运营和项目移交。

（3）淮南市智慧城市建设项目（“分领域推进”模式）

1）项目概况

本项目为财政部第三批PPP示范项目，总投资1.261 9亿元。项目由智慧城市云平台（云计算操作系统 OS）及云计算数据中心（1 万台机架）、智慧教育、智慧医疗打捆实施。淮南智慧城市民生领域建设 PPP 项目（智慧医疗），简称“智慧医疗项目”。采用政府和社会资本合作模式运作智慧医疗项目，覆盖淮南市卫计委和主要的医疗、卫生系统机构。

2）主要做法

成立 SPV 项目公司，淮南市产业发展（集团）有限公司代表淮南市政府与社会资本共同成立项目公司，淮南市产业发展（集团）有限公司出资占比 30%，深圳达实智能股份有限公司出资占比 70%，注册资金为 3 000 万元。

分领域推进淮南市智慧城市建设，主要为数据中心和健康医疗领域，而智慧社区则由淮南市智慧城市建设有限公司建设运行。

3）运营特点

新型智慧城市按领域分别建设运营，各领域由不同的社会资本方建设运营，可以发挥各社会资本在相关领域的建设运营优势。各领域新型智慧城市项目由相应的政府部门主管，将成立多个 SPV 项目公司，带来管理上的不便。此外，对于跨部门信息资源整合带来潜在困难。

2. 操作方式分析

在新型智慧城市领域采用 PPP 模式是对政府和社会资本合作、提升公共服务质量的有益探索。以 BOT 模式为例，具体操作流程如图 9-4 所示。简要来说，在发布项目中标公告后，政府指定投资主体与社会资本共同出资组建 SPV 项目公司；经过政府特许经营授权，项目公司负责具体项目的投融资、建设和运营，面向政府、民众和企业提供公共服务，通常情况下，项目公司通过项目抵押向金融机构进行直接融资；对于“可行性缺口补贴”类项目，财政需建立相应的补贴机制；项目运营期满，将项目经营权和所有权移交至政府资产管理机构。

（四）推进新型智慧城市 PPP 模式面临的问题

总体来看，当前我国新型智慧城市建设领域 PPP 模式尚处于起步阶段，

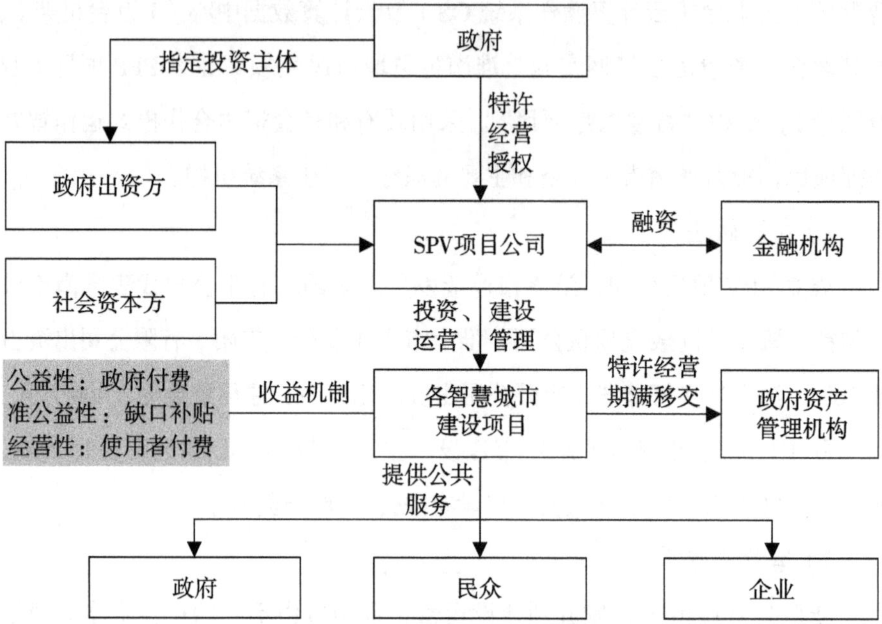

图 9-4　新型智慧城市建设项目 PPP 模式操作流程图

落地实施项目较少。在新型智慧城市建设项目中运用 PPP 模式仍面临诸多挑战。

一是政府隐形债务上升。在 PPP 项目中，政府付费项目占比过高容易将政府债务长期化、隐形化，带来监管上的风险。一些地方政府为了吸引社会资本和金融机构快上、多上项目，通过 BT、政府回购、承诺固定投资回报等明股实债方式，实施 PPP 项目，带来政府隐性债务风险。这也是近期全国金融工作会议、财政部进一步推进 PPP 规范发展工作座谈会上重点指出的问题所在。

二是政策环境有待完善。当前 PPP 模式推进过程中，政府付费部分虽均可纳入政府购买服务范畴，但在实践中工程项目适用招标投标法，而非工程项目的适用政府采购法，两种办法在具体操作上存在差异。比如是否要进行“二次招标”，PPP 项目招投标选定社会资本后，对于该社会资本不具备建设运营能力的工程，是否还要再次进行“二次招标”，不同的法律有不同的规定，造成实践中的困惑。

三是试点示范需要加强。新型智慧城市PPP项目更加需要加强政府引导。当前我国新型智慧城市领域PPP项目缺少参考经验。财政部开展的前三批共748个PPP示范项目中，仅有10余个直接与智慧城市和信息化相关。新型智慧城市建设领域PPP项目缺少成功的案例可供参考。

四是咨询服务供给不足。PPP项目成功与否与项目边界划分的清晰度、投资回报机制设计的合理性、风险分担的完善程度密切相关，涉及法律、财务等专业知识。当前，PPP咨询服务机构对于多领域、跨系统的新型智慧城市项目咨询服务经验不足，政企权责利划分不当将会影响建设运营的成败，新型智慧城市PPP项目更需要权威的政府引导、专业的商业咨询，但目前政府引导和市场服务存在发展相对滞后、供给明显不足的情况。

五是收益机制有待明确。新型智慧城市建设项目涉及大量信息系统、软件应用等工程，其所提供的服务难以精确测量，使得项目特许期和价格的确定与调整、权责划分和监管等都存在困难；此外，新型智慧城市建设项目往往缺少明确的收益时间、收益标准和验收标准，企业的收益存在不明确性，风险较大。

（五）新型智慧城市建设PPP模式的要点与展望

虽然新型智慧城市建设PPP项目在开展的过程中存在各种问题和挑战，但以PPP模式推动新型智慧城市建设仍是一个值得探索的新路径。随着我国新型智慧城市建设的进程加快和新型智慧城市PPP项目示范的推进，新型智慧城市建设PPP模式已在逐步深入和落地。按照我国PPP模式的政策要求，结合当前国内以PPP模式开展新型智慧城市建设的经验与不足，以下几点需要在新型智慧城市建设PPP模式中重点考量。

1. 规范新型智慧城市PPP项目操作

第一，严控预算“红线”，强化财政承受能力论证10%“红线”的硬性约束，统一执行口径，加强信息公开，这10%的比例，应当是每年新的和旧的PPP项目都包含在该预算支出比例中。第二，明确项目“界线”，落实

《关于进一步规范地方政府举债融资行为的通知》(财预〔2017〕50号)文件要求，严禁各类借PPP变相举债的行为，审慎开展完全政府付费的项目，对于不包含运营内容、无绩效考核机制、社会资本不实际承担建设运营风险的项目，不得纳入PPP项目范畴。第三，坚守合规“底线”，规范PPP项目识别、准备、采购、执行、移交各环节操作流程。

2. 强化新型智慧城市PPP项目咨询

新型智慧城市建设是一个复杂巨系统，涉及领域广、重点工程多，包含新系统建设和旧系统升级改造，项目的边界难以划分，相关方的权责利不易界定，这些都为PPP项目的顺利推进带来隐患。因此，必须由具有一定实力的技术咨询团队与商业咨询团队共同组建咨询团队。PPP项目的财务测算、风险评估、资金构成等工作由商业咨询团队来完成；PPP项目的系统构成、边界划分、建设与运营费用评估、绩效考核体系等问题则由技术咨询团队来支撑。

3. 开展新型智慧城市PPP专题培训

针对新型智慧城市PPP模式特点鲜明、技术性强、难度大、成熟案例少的问题，组织跨行业领域的专家和专业队伍，通过专题调查研究，探索最佳实践，提升新型智慧城市PPP项目建设运营专业化水平；强化政府守信，合作项目不受行政区划调整、政府换届、政府有关部门机构或者职能调整以及负责人变更的影响；增强责任意识，落实重大决策终身责任追究制度。

4. 选择合适的PPP运作模式

新型智慧城市建设从规划到落地实施，涉及的项目总体可分为公益类项目、准经营性项目和经营性项目。结合地方工作实际，可以采取“肥瘦搭配、以丰补歉”方式，适度将经营性与公益性捆绑开发，通过收益性项目弥补公益性项目缺口，降低政府的财政支出压力，有效缓解社会资本方对公益类项目参与度不足的状况。应尽量选择具有新型智慧城市建设运营经验的社会资本方，有效降低新型智慧城市中信息系统建设的边际成本。在政策允许范围内，鼓励社会资本方对项目运营中所掌握的政府数据资源进行公益性开发和社会化利用，提高公共服务水平。

5. 建立 PPP 项目实施细则

结合当地发展实际，制定《政府和社会资本合作项目实施细则》，构建制度设计、运营补贴和绩效考评等关键要素的支撑环境。注重 PPP 项目运作的全流程管理，强化项目运营的重要性。优化项目投资收益区间，保障公平正义。建立合理的收益机制，保障社会资本获取适当利润，防止收益过高而损害公众利益；细化项目建设内容，厘清项目建设运营边界，明确风险承担机制、验收标准、收益标准和动态调价机制。

6. 加强 PPP 项目监督考核

开展项目建设运营时期的质量、价格、服务水平和财务等方面的绩效监管，解决市场失灵、普遍服务和绩效不符要求等重要问题，确保服务质量，以保护公众利益。在引进社会资本合作前，规范操作 PPP 项目识别、准备和采购工作，确保后续监管的可操作性。

参考文献

[1] 马克思，恩格斯 . 马克思恩格斯全集：第 3 卷［M］. 北京：人民出版社，2009：602.

[2] 马克思，恩格斯 . 马克思恩格斯全集：第 44 卷［M］. 北京：人民出版社，2001：559–560.

[3] 胡拥军 . 激活三大动力 培育数字经济新优势［N］. 经济参考报，2021–03–22 第 A01 版 .

[4] 胡拥军 . 推动地方数字经济发展打开新空间［N］. 经济日报，2021–03–04（10）.

[5] 胡拥军 . 当千年农耕遇到“互联网 +”的风口［J］. 群言，2015（7）：32–34，36.

[6] 马晓河，胡拥军 .“互联网 +”推动农村经济高质量发展的总体框架与政策设计［J］. 宏观经济研究，2020（7）：5–16.

[7] 王小兵，康春鹏，董春岩 . 对“互联网 +”现代农业的再认识［J］. 农业经济问题，2018（10）：33–37.

[8] 王山，奉公 . 产业互联网模式下农业产业融合及其产业链优化研究［J］. 农业现代经济探讨，2016（3）：47–51.

[9] 胡拥军 . 以“车载芯片荒”为鉴 加快谋划汽车产业链“备份系统”建设［J］. 中国经贸导刊 ,2021（21）：61–62.

[10] 单志广 . 为中小微企业数字化转型提供全生态支持：解读《数字化转型伙伴行动倡议》［EB/OL］.（2020–05–13）［2020–05–15］. https://

www.ndrc.gov.cn/xwdt/ztzl/szhzxhbxd/yjjyj/202005/t20200513_1227980.html?code=&state=123.

［11］单志广.精准施策助力企业数字化转型“爬坡过坎”：解读《关于推进“上云用数赋智”行动 培育新经济发展实施方案》［DB/OL］.（2020-05-26）［2020-05-28］.https://www.ndrc.gov.cn/xxgk/jd/wsdwhfz/202005/t20200529_1229457.html?code=&state=123.

［12］熊鸿儒.我国数字经济发展中的平台垄断及其治理策略［J］.改革，2019（7）：52–61.

［13］肖红军，李平.平台型企业社会责任的生态化治理［J］.管理世界，2019（4）：120–144.

［14］阳镇.平台型企业社会责任：边界、治理与评价［J］.经济学家，2018（5）：79–88.

［15］解志勇，修青华.互联网治理视域中的平台责任研究［J］.国家行政学院学报，2017（5）：102–106.

［16］贾晓峰，高芳，胡志民.国家创新体系建设的结构、功能、生态视角分析［J］.科技管理研究，2021（22）：1–6.

［17］林娴岚.技术民族主义与美国对苏联、日本的高技术遏制［J］.世界经济与政治，2021（12）：130–154.

［18］冯泽，陈凯华，陈光.国家创新体系研究在中国：演化与未来展望［J］.科学学研究，2021（9）：1683–1696.

［19］白春礼.中国科学院70年：国家战略科技力量建设与发展的思考［J］.中国科学院院刊，2019（10）：1089–1095.

［20］陈劲，阳镇，朱子钦.新型举国体制的理论逻辑、落地模式与应用场景［J］.改革，2021（5）：1–17.

［21］包炜杰.从“举国体制”到“新型举国体制”：历史与逻辑［J］.社会主义研究，2021（5）：104–110.

［22］钟惠波.新型科技举国体制：社会主义市场经济条件下的资源与

关系模式［J］. 社会主义研究，2021（5）：111–117.

［23］唐亚林，郝文强. 新型举国体制：历史演变、时代特征与模式构建［J］. 华东理工大学学报（社会科学版），2021（4）：1–15.

［24］聂继凯，石雨. 中美国家实验室的发展历程比较与启示［J］. 实验室研究与探索，2021（5）：144–150.

［25］苏熹. 以国家科技发展战略目标为主导——中国国家实验室建设和发展历程述略［J］. 当代中国史研究，2020（6）：87–101.

［26］李晓华，王怡帆. 未来产业的演化机制与产业政策选择［J］. 改革，2021（2）：54–68.

［27］余东华. “十四五”期间我国未来产业的培育与发展研究［J］. 天津社会科学，2020（3）：12–22.

［28］周波，冷伏海，等. 世界主要国家未来产业发展部署与启示［J］. 中国科学院院刊，2021（11）：1 337–1 347.

［29］徐清源，单志广，马潮江. 国内外数字经济测度指标体系研究综述［J］. 调研世界，2018（11）：52–58.

［30］经济合作与发展组织. 衡量数字经济：一个新的视角［M］. 张晓译. 上海：上海远东出版社，2015.

［31］上海社会科学院经济研究所. 全球数字经济竞争力发展报告［M］. 北京：社会科学文献出版社，2017.

［32］张美慧. 国际新经济测度研究进展及对中国的借鉴［J］. 经济学家，2017（11）：47–55.

［33］张雪玲，焦月霞. 中国数字经济发展指数及其应用初探［J］. 浙江社会科学，2017（4）：32–40.

［34］佚名. 中国城市数字经济指数白皮书（2017）发布［J］. 中国信息化，2017（5）：73.

［35］唐斯斯，张延强，单志广，等. 我国新型智慧城市发展现状、形势与政策建议［J］. 电子政务，2020（4）：70–80.

［36］单志广．智慧城市将成下一个增长极［N］．新京报，2019-01-04（特04）．

［37］单志广．智慧社会为社会信息化指明方向［N］．人民日报（理论版），2018-01-24（07）．

［38］新型智慧城市建设部际协调工作组．新型智慧城市发展报告2017［M］．北京：中国计划出版社，2017.

［39］单志广，房毓菲．以大数据为核心 驱动智慧城市变革［J］．大数据，2016，2（3）：1-8.

［40］单志广．我国智慧城市健康发展面临的挑战［J］．国家治理，2015（18）：27-32.

［41］陈涛，马敏，徐晓林．区块链在智慧城市信息共享与使用中的应用研究［J］．电子政务，2018（7）：36-45.

［42］李芳，李卓然，赵赫．区块链跨链技术进展研究［J］．软件学报，2019（6）：1 649-1 660.

［43］吕汉阳．PPP模式：全流程指导与案例分析［M］．北京：中国法制出版社，2016.

［44］蒋明华，吴运建，丁有良，等．智慧城市系统及项目的投资运营模式研究［J］．电子政务，2014（12）：93-100.

［45］张延强，单志广，马潮江．智慧城市建设PPP模式实践研究［J］．城市发展研究，2018（1）：148-152.

［46］韦颜秋，李瑛．新型智慧城市建设的逻辑与重构［J］．城市发展研究，2019（6）：114-119.

［47］单志广．智慧社会的美好愿景［N］．人民日报（理论版），2018-12-02（07）．

［48］李君兰，张国强，尚时羽，等．新型智慧城市建设典型模式比较研究［J］．人工智能，2019（6）：10.

［49］孙凯，郭涛．基于数据运营的新型智慧城市发展模式分析［J］．

地理空间信息，2020（4）：27-30.

［50］单志广. 智慧城市中枢系统的顶层设计与建设运营［J］. 学术前沿，2021（9）：42-49.

［51］新型智慧城市建设部际协调工作组. 新型智慧城市发展报告2018-2019［M］. 北京：中国发展出版社，2020.

［52］刘祺. 当代中国数字政府建设的梗阻问题与整体协同策略［J］. 福建师范大学学报（哲学社会科学版），2020（3）：9.

［53］工业和信息化部电信研究院. 2014年ICT深度观察［M］. 北京：人民邮电出版社，2014.

［54］林致远. PPP模式：推进智慧城市建设［J］. 中国建设信息化，2016（5）：68-71.

［55］财政部. 关于组织开展第四批政府和社会资本合作示范项目申报筛选工作的通知［EB/OL］.（2018-02-07）［2018-02-09］.http://www.gov.cn/xinwen/2018-02/07/content_5264568.htm.

［56］陈兴鑫. 推广PPP模式体现“四个转变”［N］. 乐山日报，2015-7-20（01）.

［57］张璐晶. PPP立法征求意见稿出台，五大焦点引人注目［J］. 中国经济周刊，2017（31）：70-73.

［58］财政部. 关于规范政府和社会资本合作（PPP）综合信息平台项目库管理的通知［EB/OL］.（2017-11-16）［2017-11-18］.http://www.gov.cn/xinwen/2017-11/16/content_5240219.htm2017-11-10.

［59］仇保兴. 推进政府与社会资本合作（PPP）的有关问题和对策建议［J］. 城市发展研究，2016，23（5）：1-3.

［60］财政部政府和社会资本合作中心. 全国PPP综合信息平台项目库第8期季报［EB/OL］.（2017-10-27）［2017-10-27］. http://jrs.mof.gov.cn/ppp/dcyjppp/201710/t20171027_2736578.html.

［61］史耀斌. 在进一步推进PPP规范发展工作座谈会上的讲话［EB/

OL］.（2017-07-31）［2017-08-01］.http://www.cpppc.org/zh/pppyw/5428.jhtml.

［62］耿潇，赵杨，车伍 . 对海绵城市建设 PPP 模式的思考［J］. 城市发展研究，2017，24（1）：125-129.

［63］胡拥军，关乐宁 . 数字经济的就业创造效应与就业替代效应探究［J］. 改革，2022（4）：42-54.

［64］埃里克·布莱恩约弗森，安德鲁·麦卡菲 . 第二次机器革命［M］. 蒋永军，译 . 北京：中信出版社，2016.

［65］杨伟国，张成刚，辛茜莉 . 数字经济范式与工作关系变革［J］. 中国劳动关系学院学报，2018（5）：56-60.

［66］秦国荣 . 网络用工与劳动法的理论革新及实践应对［J］. 南通大学学报（社会科学版），2018（4）：54-61.

［67］陆铭 . 大城市不需要低端劳动力吗？［J］. 上海国资，2016（6）：17.

［68］龚玉泉，袁志刚 . 中国经济增长与就业增长的非一致性及其形成机理［J］. 经济学动态，2002（10）：35-39.

［69］高德步 . 英国的工业革命与工业化——制度变迁与劳动力转移［M］. 北京：中国人民大学出版社，2006：154-157.

［70］苏剑，陈阳 . 技术进步减少了劳动力需求吗？［J］. 开放导报，2018（3）：28-32.